佛法真實體　非有亦非無

入楞伽經

法相恒如是　唯自心分別

（元魏）天竺三藏菩提流支◎譯

【目錄】

唯識宗寶典：入楞伽經

圓明編輯部

一

正如同《般若經》主要是在論述空論一般，《入楞伽經》所提出的是一種變形的空論——識論。無論從思想、理論或修證方法來看，《入楞伽經》在全部佛法與佛學中，都是非常重要的一部寶典。所以，在中國研究法相唯識的學者將之列爲五經十一論的重心。

《續高僧傳》記載：「初達摩禪師，以四卷《楞伽》授可曰：『我觀漢地唯有此經，仁者依行，自得度世。』」所以《楞伽經》對傳佛心印、不立文字的禪宗，是非常重要的典籍。

二

《楞伽經》曾三度譯成漢文，分別是：

㈠、《楞伽阿跋多羅寶經》，四卷：西元四四三年間劉宋時代由海路來到中國的中印度三藏求那跋陀羅所譯（宋譯），是《楞伽經》成立初期的原型。達摩禪以大乘唯心的《楞伽經》爲證，但說「真性」、「性淨」，與求那跋陀羅譯經時特別著重本性清淨的如來藏一致，因此可以知道此譯本也就是達摩授慧可的四卷《楞伽》的原本。

㈡、《入楞伽經》，十卷：西元五一三年間元魏時代，自陸路來中國的北印度三藏菩提流支所譯（魏譯）。

㈢、《大乘入楞伽經》，七卷：西元七〇〇年間唐朝時代，亦由陸路來中國的于闐三藏實叉難陀所譯（唐譯）。

這三種譯本中，宋譯四卷不分章節，魏譯十卷分成十八品，唐譯七卷分爲十品，在此我們將此三種譯本與梵文本做一對照表：

梵本	（宋）求那跋陀羅譯	（魏）菩提流支譯	（唐）實叉難陀譯
1.Ravanadhyesana	（缺）	1.請佛品	1.羅婆那王勸請佛品
2.Sattrimsatsahanra-sarvadharmasamuo-caya	一切佛語心品	2.問答品 3.集一切佛法品	2.集一切法品
3.Anityata		4.佛心品 5.盧迦耶陀品 6.涅槃品 7.法身品 8.無常品	3.無常品
4.Abhisamaya		9.入道品	4.現證品
5.Tathagatanityanitya		10.如來常無常品	5.如來常無常品
6.Kasniks		11.佛性品 12.五法門品 13.恒河沙品 14.剎那品	6.剎那品
7.Nairmanika		15.化品	7.變化品
8.Mamsabhaksana		16.遮食肉品	8.斷食肉品
9.Dharani	（缺）	17.陀羅尼品	9.陀羅尼品
10.Sagathakam		18.總品	10.偈頌品

根據表列，我們可以看得出三種漢譯本中，宋譯本就缺少了前面的〈請佛品〉和後面的〈陀羅尼品〉和〈總品〉，從內容我們約略可以推知求那跋

陀羅第一次譯成漢文的時期，這三品一定尚未成立，而且第十品的成立一定是在第二次漢譯不久之前的時代。由於《楞伽經》以極大部分的內容處理當時印度大乘佛教的所有問題，而魏譯在分品上最爲詳細，能讓研究者非常容易的掌握到全經的義理，這也是我們選擇採用菩提流支的譯本之原委。

三

其實，不論那一種譯本，其文字都非常艱澀難讀，這是由於《楞伽》奧義乃是融通性相之學，指示空有不異的事理，說明理論與修證的實際，必須通達因明，善於分別法相，精思入神，歸於第一義諦。同時要從真修實證入手，會之於心，方可窺其堂奧。

《楞伽經》一開始，詳細的描述佛陀與楞伽城的羅婆那王二人的相見，羅婆那王受到大慧菩薩的鼓勵向佛陀請教有關法與非法的區別，然後，大慧菩薩在獲得佛陀的讚歎與應允之後，向佛陀提出了一百多個問題。這些問題主要是有關解脫、阿賴耶識、末那識以及其他識論的重要概念，空論等有關人生、宇宙、物理、人文的問題，而這些問題不僅是學佛者的需求，也是古今中外，人人心中的問題。佛陀卻不先作解答，反而直截了當的說心、說性、說相，然後列舉過去諸佛所說的一百零八句，由五法、三自性、八識、二無義加以析辨，指出一個心物實際的如來藏識作總答，這也是《楞伽經》之所以為後世法相學者視為唯識宗的寶典之原因。

第二品〈問答品〉至第十五品〈化品〉的內容主要是哲學性的，也是從識論的立場為主而整理佛教的全部教義，從〈佛心品〉到〈無常品〉則對種種教說有突破性的論議，更列舉了一些值得注意的佛名，而〈入道品〉則論及十地。

在第十六品〈遮食肉品〉中，大慧菩薩則就肉食習慣的善惡要求佛陀加以說明，佛陀則以無數的理由指出應避免肉食。佛陀所說的第一個理由是：肉食就如同噉食自己的骨肉：「我觀眾生輪迴六道，同在生死共相生育，迭為父母兄弟姊妹，若男若女中表內外六親眷屬，或生餘道、善道、惡道常爲眷屬；以是因緣，我觀衆生更相噉肉無非親者，由貪肉味迭互相噉，常生害心增長苦業，流轉生死不得出離。」接著更以幾個故事來證明肉食者的惡果。最後以偈頌來説明禁止食肉以及酒、葱、韭、蒜。

第十七品〈陀羅尼品〉則是龍神及其他鬼神守護衆生的咒文。

第十八品〈總品〉則係八百八十四偈頌組成的哲學論文——識論，從數論、勝論開始，列舉裸形外道，有神論者等諸多外道的名稱，而且對比丘的修行有詳細的規定，且説法主是成佛在釋迦牟尼佛之前的古佛，異於前面諸品，爲本經最有意義的一品。

四

從内容來看，《楞伽經》的思想始於《般若》、《法華》、《華嚴》，以至於《涅槃》、《勝鬘》、《深密》等經，綜合了不同時代的各種思想，涵蓋了所有具代表性的大乘經典，是一部劃時代的經。

本經陳義高深，故蘇東坡曾言：「《楞伽》義趣幽眇，文字簡古，讀者或不能句，而況遺文以得義，忘義以了心者乎？」然說理通暢，從文學觀點來看其筆調，則自由奔放，只要能把握前後次序，慎思明辨，融會於心，必能悟證無窮，受用不盡。

楞伽經大乘性宗頓教四十一法門

浙水慈雲沙門續法述

一諸識生滅
二藏識境界
三有無妄計
四頓漸淨流
五常不思議
六建立誹謗
七空無生性
八如來藏性
九四大修行
十諸法因緣
十一言説分別
十二遠離四句
十三大般涅槃
十四分別緣起
十五常聲依幻
十六四果差別
十七聖智一乘
十八意成身相
十九五無間業
二十諸佛體性
廿一四等密意
廿二依二密法
廿三法離有無
廿四宗趣言説
廿五虛妄分別
廿六善於語義
廿七迷執解脫
廿八智不得境
廿九勿習世論
三十涅槃差別

卌一如來覺性　卌二不生不滅　卌三揀別無常
卌四入滅現證　卌五常無常義　卌六蘊處生滅
卌七四法差別　卌八佛如恒沙　卌九諸法刹那
四十如來變化　四一遮斷食肉

頌曰

四十一門離　一百八句遣
法相非非盡　真性頓然顯

【入楞伽經卷第一】

請佛品第一

歸命大智海毗盧遮那佛。

如是我聞：一時，婆伽婆住大海畔摩羅耶山頂上楞伽城中。彼山種種寶性所成，諸寶間錯，光明赫焰，如百千日照曜金山；復有無量華園香樹，皆寶香林，微風吹擊，搖枝動葉，百千妙香一時流布，百千妙音一時俱發；重巖屈曲，處處皆有仙堂、靈室，龕窟無數，衆寶所成，內外明徹，日月光暉不能復現，皆是古昔諸仙賢聖，思如實法得道之處。與大比丘僧及大菩薩衆，皆從種種他方佛土俱來集會，是諸菩薩具足無量自在三昧神通之力，奮迅遊化，大慧菩薩摩訶薩而爲上首；一切諸佛手灌其頂，而授佛位，自心爲境，善解其義，種種衆生，種種心色，隨種種心，種種異念，無量度門，隨所應度、隨所應見，而爲普現，善知五法自性識二種無我，究竟通達。

爾時，婆伽婆於大海龍王宮說法，滿七日已度至南岸，時有無量那由他釋梵天王、諸龍王等，無邊大衆悉皆隨從向海南岸。爾時，婆伽婆遙望觀察摩羅耶山楞伽城，光顏舒悅如動金山，熙怡微笑而作是言：「過去諸佛、應、正徧知，於彼摩羅耶山頂上楞伽城中，說自內身聖智證法，離於一切邪見覺觀，非諸外道、聲聞、辟支佛等修行境界；我亦應彼摩羅耶山楞伽城中，爲羅婆那夜叉王上首說於此法。」

爾時，羅婆那夜叉王，以佛神力聞如來聲。時婆伽婆離海龍王宮度大海已，與諸那由他無量釋梵天王、諸龍王等圍遶恭敬。爾時，如來觀察衆生阿梨耶識大海水波，爲諸境界猛風吹動，轉識波浪隨緣而起。爾時，羅婆那夜叉王而自歎言：「我應請如來入楞伽城，令我長夜於天人中，與諸人天得大利益，快得安樂。」

爾時，楞伽城主羅婆那夜叉王與諸眷屬乘花宮殿至如來所，與諸眷屬從宮殿下遶佛三匝，以種種伎樂樂於如來。所持樂器皆是大青因陀羅寶而用造作，大毗琉璃、馬瑙諸寶以爲間錯，無價色衣以用纏裹。以梵聲等無量種音，歌歎如來一切功德，而說偈言：

心具於法藏，離無我見垢，世尊說諸行，內心所知法。
白法得佛身，內身所證法，化身示化身，時到入楞伽。
今此楞伽城，過去無量佛，及諸佛子等，無量身受用。
世尊若說法，無量諸夜叉，能現無量身，欲聞說法聲。

爾時，羅婆那楞伽王，以都吒迦種種妙聲，歌歎如來諸功德已，復更以伽他妙聲歌歎如來，而說偈言：

如來於七日，大海惡獸中，渡海至彼岸，出已即便住。

羅婆那王共，妻子夜叉等，及無量眷屬，大智諸大臣，
叔迦婆羅那，如是等天衆，各各悉皆現，無量諸神通。
乘妙花宮殿，俱來到佛所，到已下花殿，禮拜供養佛。
依佛住持力，即於如來前，自說己名字，我十頭羅剎。
願垂哀愍我，及此城衆生，受此楞伽城，摩羅耶寶山。
過去無量佛，於此楞伽城，種種寶山上，說身所證法。
如來亦應爾，於此寶山中，同諸過去佛，亦說如是法。
願共諸佛子，說此清淨法，我及楞伽衆，咸皆欲聽聞。
入楞伽經典，過去佛讚歎，內身智境界，離所說名字。
我念過去世，無量諸如來，諸佛子圍遶，說此修多羅。
如來於今日，亦應爲我等，及諸一切衆，說此甚深法。
未來諸世尊，及諸佛子等，於此寶山上，亦說此深法。
今此楞伽城，微妙過天宮，牆壁非土石，諸寶羅網覆。
此諸夜叉等，已於過去佛，修行離諸過，畢竟住大乘。

內心善思惟，如實念相應，願佛憐愍故，爲諸夜叉說。
願佛天人師，入摩羅耶山，夜叉及妻子，欲得摩訶衍。
甕耳等羅刹，亦住此城中，曾供養過去，無量億諸佛。
今復願供養，現在大法王，欲聞內心行，欲得摩訶衍。
願佛憐愍我，及諸夜叉衆，共諸佛子等，入此楞伽城。
我所有宮殿，妻子及眷屬，寶冠諸瓔珞，種種莊嚴具。
阿舒迦園林，種種皆可樂，及所乘花殿，施佛及大衆。
我於如來所，無有不捨物，願大牟尼尊，哀愍我受用。
我及諸佛子，受佛所說法，願佛垂哀愍，爲我受用說。
爾時三界尊，聞夜叉請已，即爲夜叉說：過去未來佛。
夜叉過去佛，此勝寶山中，憐愍夜叉故，說內身證法。
未來佛亦爾，於此寶山中，爲諸夜叉等，亦說此深法。
夜叉此寶山，如實修行人，現見法行人，乃能住此處。
夜叉今告汝，我及諸佛子，憐愍汝等故，受汝施請說。

如來略答竟，寂靜默然住，羅婆那羅刹，奉佛花宮殿。
如來及佛子，受已即皆乘，羅婆那夜叉，亦自乘華殿。
以諸婇女樂，樂佛到彼城，到彼妙城已，羅婆那夜叉。
及其夜叉妻，夜叉男女等，更持勝供具，種種皆微妙。
供養於如來，及諸佛子等；諸佛及菩薩，皆受彼供養。
羅婆那等衆，供養說法者，觀察所說法，內身證境界。
供養大慧士，數數而請言：大士能問佛，內身行境界。
我與夜叉衆，及諸佛子等，一切諸聽者，咸請仁者問。
大士說法勝，修行亦最勝，我尊重大士，請問佛勝行。
離諸外道邊，亦離二乘過，說內法清淨，究竟如來地。
爾時佛神力，復化作山城，崔嵬百千相，嚴飾對須彌。
無量億花園，皆是衆寶林，香氣廣流布，芬馥未曾聞。
一一寶山中，皆示現佛身，亦有羅婆那，夜叉衆等住。
十方佛國土，及於諸佛身，佛子夜叉王，皆來集彼山。

而此楞伽城，所有諸衆等，皆悉見自身，入化楞伽中。
如來神力作，亦同彼楞伽，諸山及園林，寶莊嚴亦爾。
一一山中佛，皆有大智問，如來悉爲說，內身所證法。
出百千妙聲，說此經法已，佛及諸佛子，一切隱不現。
羅婆那夜叉，忽然見自身，在己本宮殿，更不見餘物。
而作是思惟：向見者誰作？說法者爲誰？是誰而聽聞？
我所見何法？而有此等事！彼諸佛國土，及諸如來身，
如此諸妙事，今皆何處去？爲是夢所憶？爲是幻所作？
爲是實城邑？爲乾闥婆城？爲是翳妄見？爲是陽炎起？
爲夢石女生？爲我見火輪？爲見火輪烟？我所見云何？
復自深思惟：諸法體如是，唯自心境界，內心能證知。
而諸凡夫等，無明所覆障，虛妄心分別，而不能覺知。
能見及所見，一切不可得，說者及所說，如是等亦無。
佛法真實體，非有亦非無，法相恒如是，唯自心分別。

如見物爲實，彼人不見佛，不住分別心，亦不能見佛。
不見有諸行，如是名爲佛，若能如是見，彼人見如來。
智者如是觀，一切諸境界，轉身得妙身，即是佛菩提。

爾時，羅婆那十頭羅剎楞伽王，見分別心過，而不住於分別心中，以過去世善根力故，如實覺知一切諸論，如實能見諸法實相，不隨他教善自思唯覺知諸法；能離一切邪見覺知，善能修行如實行法，於自身中能現一切種種色像，而得究竟大方便解；善知一切諸地上上自體相貌，樂觀心意意識自體，見於三界相續身，斷離諸外道常見；因智如實善知如來之藏，善住佛地內心實智。聞虛空中及自身中，出於妙聲而作是言：「善哉，善哉！楞伽王！諸修行者悉應如汝之所修學。」

復作是言：「善哉！楞伽王！諸佛如來法及非法如汝所見，若不如汝之所見者名爲斷見。楞伽王！汝應遠離心意識，如實修行諸法實相，汝今應當修行內法，莫著外義邪見之相。楞伽王！汝莫修行聲聞、緣覺、諸外道等修行境界，汝不應住一切外道諸餘三昧，汝不應樂一切外道種種戲論，汝不應住一切外道、圍陀邪見，汝不應著王位放逸自在力中，汝不應著禪定神通自在力中。楞伽王！如此等事皆是如實修行者行，能降一切外道邪論，能破一切虛妄邪見，能轉一切見、我見過，能轉一切微細識行，修大乘行。楞伽王！汝應內身入如來地修如實行，如是修行者得轉上上清淨之法。楞伽王！汝莫捨汝所證之道，善修三昧三摩跋提，莫著聲聞、緣覺、外道三昧境界以為勝樂，如毛道凡夫、外道修行者，汝莫分別。楞伽王！外道著我見、有我相，故虛妄分別；外道見有四大之相，而著色、聲、香、味、觸、法以為實有。聲聞、緣覺見無明緣行以為實有，起執著心離如實空，虛妄分別專著有法，而墮能見、所見心中。」

「楞伽王！此勝道法，能令衆生內身覺觀，能令衆生得勝大乘，能生三有。楞伽王！此入大乘行，能破衆生種種翳瞙種種識波，不墮外道諸見行中。楞伽王！此是入大乘行非入外道行，外道行者依於內身有我而行，見識、色二法以為實，故見有生滅。善哉！楞伽王！思惟此義，如汝思惟即是見佛。」

爾時，羅婆那楞伽王復作是念：「我應問佛如實行法，轉於一切諸外道行，內心修行所觀境界，離於應佛所作應事，更有勝法，所謂如實修行者證於法時，所得三昧究竟之樂，若得彼樂是則名爲如實修行者。是故我應問大慈悲如來世尊，如來能燒煩惱薪盡，及諸佛子亦能燒盡，如來能知一切衆生心使煩惱，如來徧至一切智處，如來如實善能知解是相非相。我今應以妙神通力見於如來，見如來已，未得者得，已得者不退，得無分別三昧三摩跋提，得增長滿足如來行處。」

爾時，世尊如實照知楞伽王應證無生法忍時至，憐愍十頭羅剎王故，所隱宮殿還復如本，身於種種寶網莊嚴山城中現。

爾時，十頭羅剎楞伽王見諸宮殿還復如本，一一山中處處皆見有佛世尊、應、正徧知三十二相妙莊嚴身而在山中；自見己身徧諸佛前；又見一切諸佛國土及諸國王念身無常，由貪王位、妻子、眷屬，五欲相縛無解脫期，便捨國土、宮殿、妻妾、象馬，珍寶施佛及僧，入於山林出家學道；

又見佛子在山林中勇猛精進，投身餓虎、師子、羅剎以求佛道；又見佛子在林樹下讀誦經典，爲人演說以求佛道；又見菩薩念苦衆生，坐於道場菩提樹下思惟佛道；又見一一佛前，皆有聖者大慧菩薩說於內身修行境界；亦見一切夜叉眷屬圍遶而說名字章句。

爾時，世尊智慧觀察現在大衆非肉眼觀，如師子王奮迅視眄呵呵大笑，頂上肉髻放無量光，肩脇、腰髀、胸卍德處及諸毛孔，皆放一切無量光明，如空中虹如日千光，如劫盡時大火熾然猛炎之相。帝釋、梵王、四天王等，於虛空中觀察如來，見佛坐於須彌相對楞伽山頂上呵呵大笑。爾時，菩薩衆，帝釋、梵天、四天王等作是思惟：「何因何緣？如來、應、正徧知於一切中而得自在，未曾如是呵呵大笑，復於自身出無量光默然而住，專念內身智慧境界不以爲勝，如師子視觀楞伽王念如實行。」

爾時，聖者大慧菩薩摩訶薩，先受楞伽羅婆那王所啓請已，念楞伽王知諸一切大菩薩衆心行之法，觀察未來一切衆生，心皆樂於名字說法，心迷生疑如說而取，著於一切聲聞、緣覺、外道之行；諸佛世尊離諸一切心識之行，能笑大笑。爲彼大衆斷於疑心，而問佛言：「如來何因何緣何事呵呵大笑？」

佛告聖者大慧菩薩：「善哉，善哉！善哉大慧！復善哉！大慧！汝能觀察世間妄想分別之心邪見顛倒，汝實能知三世之事而問此事。如汝所問，智者之問亦復如是，爲自利利他故。大慧！此楞伽王，曾問過去一切諸佛、應、正徧知如是二法，今復現在亦欲問我如是二法；此二法者，一切聲聞、緣覺、外道未嘗知此二法之相。大慧！此十頭羅刹亦問未來一切諸佛如此二法。」

爾時，如來知而故問羅婆那王，而作是言：「楞伽王！汝欲問我，隨汝疑心今悉可問，我悉能答斷汝疑心令得歡喜。楞伽王！汝斷虛妄分別之心，得地對治方便觀察如實智慧，能入內身如實之相、三昧，樂行三昧，佛即攝取汝身，善住奢摩他樂境界中，過諸聲聞、緣覺三昧不淨之垢；能住不動、善慧、法雲等地，善知如實無我之法；大寶蓮華王座上而坐，得無量三昧而受佛職。楞伽王！汝當不久自見己身亦在如是蓮華王座上而坐，法爾住持；無量蓮花王眷屬、無量菩薩眷屬，各各皆坐蓮華王座，而自圍遶迭相瞻視，各各不久皆得住彼不可思議境界。所謂起一行方便行住諸地中，能見不可思議境界，見如來地無量無邊種種法相，一切聲聞、緣覺、四天王、帝釋、梵王等所未曾見。」

爾時，楞伽王聞佛世尊聽已問已，彼於無垢無量光明大寶蓮花衆寶莊嚴山上，無量天女而自圍遶，現於無量種種異花、種種異香、散香、塗香、寶幢、幡蓋、寶冠、瓔珞、莊嚴身具；復現世間未曾聞見種種勝妙莊嚴之具；復現無量種種樂器，過諸天、龍、夜叉、乾闥婆、阿修羅、迦樓羅、緊那羅、摩睺羅伽、人、非人等所有樂具；復隨三界欲界、色界、無色界，所有樂具皆悉化作；復隨十方諸佛國土，所有種種勝妙樂具皆悉化作，化作無量大寶羅網，徧覆一切諸佛、菩薩、大衆之上；復豎無量種種寶幢。

羅婆那王作如是等變化事已，身昇虛空高七多羅樹，住虛空中雨種種伎樂、雨種種華、雨種種香、雨種種衣，滿虛空中如澍大雨，以用供養佛及佛子。雨供養已從上而下，於虛空中即坐第二電光明大寶蓮華王種種寶山上。

爾時，如來見其坐已，發於微笑，聽楞伽王問二種法。

時，楞伽王白佛言：「世尊！此二種法我已曾問過去諸佛、應、正遍知，彼佛世尊已為我說。世尊！我今現在依名字章句亦問如來，如來畢竟應為我說。世尊！應化化佛說此二法非根本如來。世尊！根本如來修集三昧樂境界者，不說心識外諸境界。善哉！世尊！如來自身於一切法而得自在，唯願世尊、應、正遍知說此二法，一切佛子及我己身亦願欲聞。」

爾時，世尊知而即告楞伽王言：「楞伽王！汝問此二法。」

爾時，夜叉王更著種種金冠瓔珞金莊嚴具而作是言：「如來常說：『法尚應捨，何況非法！』世尊！云何言二法捨？世尊！何者是法？何者非法？世尊！捨法云何有二，以墮分別相中，虛妄分別是有無法無大有大？世尊！阿梨耶識知名識相，所有體相如虛空中有毛輪住，不淨盡智所知境界。世尊！法若如是，云何而捨？」

佛告楞伽王：「楞伽王！汝不見瓶等無常敗壞之法，毛道凡夫分別境界差別之相。楞伽王！何故不如是取有法非法差別之相？依毛道凡夫分別心有，非聖證智以爲可見。楞伽王！且置瓶等種種相事，毛道凡夫心謂爲有，非謂聖人以爲有法。楞伽王！譬如一火焚燒宮殿、園林、草木，見種種火光明色炎各各差別，依種種薪草木長短，分別見有勝負之相，此中何故不如是知有法非法差別之相？楞伽王！非但火炎依一相續身中見有種種諸相差別。楞伽王！如一種子一相續生芽、莖、枝、葉、華、果、樹林種種異相，如是內外所生諸法，無明及行陰界入等一切諸法，三界所生皆有差別，現樂形相、言語、去來、勝智異相；一相境界而取於相，見下中上勝相、染淨、善不善相。楞伽王！非但種種法中見差別相，覺如實道者內證行中，亦有見於種種異相，何況法非法無分別種種差別相！楞伽王！有法、非法種種差別相。」

「楞伽王！何者爲法？所謂一切外道、聲聞、緣覺、毛道凡夫分別之見，從因實物以爲根本生種種法。如是等法應捨應離，莫取於相而生分別，見自心法計以爲實。楞伽王！無瓶實法，而毛道凡夫虛妄分別；法本無相，如實知觀名捨諸法。」

「楞伽王！何等爲非法？所謂無有身相，唯自心滅妄想分別；而諸凡夫見實法非實法，菩薩如實見，如是捨非法。復次，楞伽王！何者復爲非法？所謂兔馬驢駝角、石女兒等無身無相，而毛道凡夫取以爲無，爲世間義說於名字非取相。如彼瓶等法可捨，智者不取如是虛妄分別，兔角等名字法亦是可捨。是故捨法及非法。楞伽王！汝今問我法及非法云何捨？我已說竟。」

「楞伽王！汝言：『我於過去應、正徧知已問此法，彼諸如來已爲我說。』楞伽王！汝言過去者即分別相，未來、現在分別亦爾。楞伽王！我說真如法體是如實者亦是分別，如分別色爲實際。爲證實智樂，修行無相智慧，是故莫分別如來爲智身智體；心中莫分別，意中莫取我、人、命等。云何不分別？意識中取種種境界如色形相，如是莫取、莫分別可分別。」

「復次，楞伽王！譬如壁上畫種種相，一切衆生亦復如是。楞伽王！一切衆生猶如草木無業、無行。楞伽王！一切法、非法無聞無說。楞伽王！一切世間法皆如幻，而諸外道凡夫不知。楞伽王！若能如是見、如實見者名爲正見，若異見者名爲邪見，若分別者名爲取二。楞伽王！譬如鏡中像自見像，譬如水中影自見影，如月燈光在屋室中影自見影，如空中響聲自出聲取以爲聲；若如是取法與非法，皆是虛妄妄想分別，是故不知法及非法，增長虛妄不得寂滅。寂滅者名爲一心，一心者名爲如來藏，入自內身智慧境界，得無生法忍三昧。」

【如楞伽經卷第二】

問答品第二

爾時，聖者大慧菩薩，與諸一切大慧菩薩俱遊一切諸佛國土，承佛神力從坐而起更整衣服，右膝著地，合掌恭敬以偈讚佛：

佛慧大悲觀，世間離生滅，猶如虛空花，有無不可得。
佛慧大悲觀，一切法如幻，遠離心意識，有無不可得。
佛慧大悲觀，世間猶如夢，遠離於斷常，有無不可得。
佛慧大悲觀，煩惱障智障，二無我清淨，有無不可得。

佛不入不滅，涅槃亦不住，離覺所覺法，有無二俱離。
若如是觀佛，寂靜離生滅，彼人今後世，離垢無染取。

爾時，大慧菩薩摩訶薩，如法偈讚佛已，自說姓名：

我名為大慧，願通達大乘，今以百八問，仰諮無上尊。

最勝世間解，聞彼大慧問，觀察諸衆生，告諸佛子言：

汝等諸佛子，及大慧諮問，我當為汝說，自覺之境界。

爾時，聖者大慧菩薩摩訶薩，聞佛聽問頂禮佛足，合掌恭敬以偈問曰：

云何淨諸覺？何因而有覺？何因見迷惑？何因有迷惑？
何因有國土，化相諸外道？云何名佛子，寂靜及次第？
解脫至何所？誰縛何因脫？禪者觀何法？何因有三乘？

何因緣生法？何因作所作？何因俱異說？何因無而現？
何因無色定，及與滅盡定？何因想滅定？何因從定覺？
云何因果生？何因身去住？何因觀所見？何因生諸地？
破三有者誰？何身至何所？云何處而住？云何諸佛子？
何因得神通，及自在三昧？何因得定心？最勝爲我說。
何因爲藏識？何因意及識？何因見諸法？何因斷所見？
云何性非性？云何心無法？何因說法相？云何名無我？
何因無衆生？何因有世諦？何因不見常？何因不見斷？
云何佛外道，二相不相違？何因當來世？種種諸異部？
云何名爲空？何因念不住？何因有胎藏？何因世不動？
云何如幻夢，說如犍闥婆，陽炎水中月？世尊爲我說。
云何說覺支？何因菩提分？何因國亂動？何因作有見？
何因不生滅？何因如空華？何因覺世間？何因無字說？
云何無分別？何因如虛空？真如有幾種？何名心幾岸？

何因地次第，真如無次第？何因二無我？何因境界淨？
幾種智幾戒？何因衆生生？誰作諸寶性，金摩尼珠等？
誰生於語言？衆生種種異，五明處伎術，誰能如是說？
伽陀有幾種？云何長短句？法復有幾種？解義復有幾？
何因飲食種？何因生愛欲？云何名爲王，轉輪及小王？
何因護國土？諸天有幾種？何因而有地？何因星日月？
解脫有幾種？行者有幾種？弟子有幾種？阿闍梨幾種？
如來有幾種？本生有幾種？摩羅有幾種？異學有幾種？
自性有幾種？心復有幾種？云何施假名？世尊爲我說。
何因有風雲？何因有黠慧？何因有樹林？世尊爲我說。
何因象馬鹿？何因人捕取？何因爲矬陋？世尊爲我說。
何因有六時？何因成闡提，男女及不男？爲我說其生。
何因修行退？何因修行進？教何等人修？令住何等法？
諸衆生去來，何因何像類？何因致財富？世尊爲我說。

云何爲釋種？何因有釋種？何因甘蔗種？何因長壽仙？
長壽仙何親？云何彼教授？世尊如虛空，爲我分別說。
何因佛世尊，一切時刹現，種種名色類，佛子衆圍遶？
何因不食肉？云何制斷肉？食肉諸種類，何因故食肉？
何因日月形，須彌及蓮華，師子形勝相？國土爲我說。
亂側覆世界，如因陀羅網，一切寶國土，何因爲我說。
如箜篌琵琶，鼓種種華形，離日月光土，何因爲我說。
何等爲化佛？何等爲報佛？何等如智佛？何因爲我說。
云何於欲界，不成等正覺？云何色究竟，離欲中得道？
如來般涅槃，何人持正法？世尊住久如，正法幾時住？
如來立幾法？各見有幾種？毗尼及比丘，世尊爲我說。
何因百變易？何因百寂靜？聲聞辟支佛，世尊爲我說。
何因世間通？何因出世通？何因七地心？世尊爲我說。
僧伽有幾種？何因爲破僧？云何醫方論？世尊爲我說。

迦葉拘留孫，拘那含是我，常爲諸佛子，何故如是說？
何故說人我？何故說斷常？何故不但說，唯有於一心？
何因男女林，訶梨阿摩勒，雞羅及鐵圍，金剛等諸山，
次及無量山，種種寶莊嚴，仙樂人充滿？世尊爲我說。
大天佛聞彼，所說諸偈句，大乘諸度門，諸佛心第一。
善哉善哉問，大慧善諦聽，我今當次第，如汝問而說。
生及與不生，涅槃空剎那，趣至無自體。佛波羅蜜子，
聲聞辟支佛，外道無色者，須彌海及山，四天下土地，
日月諸星宿。外道天修羅，解脫自在通，力思惟寂定。
滅及如意足，覺支及道品，諸禪定無量，五陰及去來。
四空定滅盡，發起心而說，心意及意識，無我法有五。
自性相所想，所見能見二，云何種種乘？金摩尼珠性。
一闡提四大，荒亂及一佛，智境界教得，衆生有無有？
象馬諸禽獸，云何而捕取？譬喻因相應，力說法云何？

何因有因果？相迷惑如實，但心無境界，諸地無次第。
百變及無相，醫方工巧論，呪術諸明處，何故而問我？
諸山須彌地，其形量大小，大海日月星，云何而問我？
上中下衆生，身各幾微塵？肘步至十里，二十及四十。
兔毫窗塵幾？羊毛麰麥塵，一升幾麰麥？半升幾頭數？
一斛及十斛，百萬及一億。頻婆羅幾塵？芥子幾微塵？
幾芥成草子？幾草子成豆？幾銖成一兩？幾兩成一斤？
如是次第數，幾分成須彌？佛子今何故？不如是問我？
緣覺聲聞等，諸佛及佛子，身幾微塵成？何故不問此。
火炎有幾塵？風微塵有幾？根根幾塵數？毛孔眉幾塵？
何因財自在，轉輪聖帝主？何因王守護？解脫廣略說。
種種衆生欲，云何而問我？何因諸飲食？何因男女林？
金剛堅固山，爲我說云何？何因如幻夢，野鹿渴愛譬？
何因而有雲？何因有六時？何因種種味，男女非男女？

何因諸莊嚴？佛子何因問？云何諸妙山，仙樂人莊嚴？
解脫至何所？誰縛云何縛？云何禪境界，涅槃及外道？
云何無因作？何因可見轉？何因淨諸覺？何因有諸覺？
何因轉所作？唯願爲我說。何因斷諸相？何因出三昧？
破三有者誰？何因身何處？云何無人我？何因依世說？
何因問我相？云何問無我？云何爲胎藏？汝何因問我？
何因斷常見？何因心得定？何因言及智，界性諸佛子？
勘解師弟子，種種諸衆生，云何飲食魔，虛空聰明施？
何因有樹林？佛子何因問？云何種種剎？何因長壽仙？
何因種種師？汝何因問我？何因有醜陋，修行不欲成，
色究竟成道？云何而問我？何因世間通？何因爲比丘？
云何化報佛？何因而問我？云何如智佛？云何爲衆僧？
箜篌鼓華剎，云何離光明？云何爲心地？佛子而問我？
此及餘衆多，佛子所應問。一一相相應，遠離諸見過，

離諸外道法，我說汝諦聽。以上百八見，如諸佛所說，

我今說少分，佛子善諦聽。

「生見不生見，常見無常見，相見無相見，住異見非住異見，剎那見非剎那見，離自性見非離自性見，空見不空見，斷見非斷見，心見非心見，邊見非邊見，中見非中見，變見非變見，緣見非緣見，因見非因見，煩惱見非煩惱見，愛見非愛見，方便見非方便見，巧見非巧見，淨見非淨見，相應見非相應見，譬喻見非譬喻見，弟子見非弟子見，師見非師見，性見非性見，乘見非乘見，寂靜見非寂靜見，願見非願見，三輪見非三輪見，相見非相見，有無立見非有無立見，有二見無二見，緣內身聖見非緣內身聖見，現法樂見非現法樂見，國土見非國土見，微塵見非微塵見，水見非水見，弓見非弓見，四大見非四大見，數見非數見，通見非通見，虛妄見非虛妄見，雲見非雲見，工巧見非工巧見，明處見非明處見，風見非風見，地見非地見，心見非心見，假名見非假名見，自性見非自性見，陰

見非陰見，衆生見非衆生見，智見非智見，涅槃見非涅槃見，境界見非境界見，外道見非外道見，亂見非亂見，幻見非幻見，夢見非夢見，陽炎見非陽炎見，像見非像見，輪見非輪見，犍闥婆見非犍闥婆見，天見非天見，飲食見非飲食見，婬欲見非婬欲見，見見非見見，波羅蜜見非波羅蜜見，戒見非戒見，日月星宿見非日月星宿見，諦見非諦見，果見非果見，滅見非滅見，起滅盡定見非起滅盡定見，治見非治見，相見非相見，支見非支見，巧明見非巧明見，禪見非禪見，迷見非迷見，現見非現見，護見非護見，族姓見非族姓見，仙人見非仙人見，王見非王見，捕取見非捕取見，實見非實見，記見非記見，一闡提見非一闡提見，男女見非男女見，味見非味見，作見非作見，身見非身見，覺見非覺見，動見非動見，根見非根見，有爲見非有爲見，因果見非因果見，色究竟見非色究竟見，時見非時見，樹林見非樹林見，種種見非種種見，說見非說見，比丘見非比丘見，比丘尼見非比丘尼見，住持見非住持見，字見非字見。」

「大慧！此百八見，過去諸佛所說，汝及諸菩薩當如是學。」

【入楞伽經卷第二】

集一切佛法品第三之一

爾時，聖者大慧菩薩復白佛言：「世尊！諸識有幾種生、住、滅？」佛告聖者大慧菩薩言：「大慧！諸識生、住、滅，非思量者之所能知。大慧！諸識各有二種生、住、滅。大慧！諸識二種滅者：一者相滅，二者相續滅。大慧！諸識有二種住：一者相住，二者相續住。大慧！諸識有二種生：一者相生，二者相續生。」

「大慧！識有三種，何等三種：一者轉相識，二者業相識，三者智相識。大慧！有八種識，略說有二種，何等爲二？一者了別識，二者分別事識。大慧！如明鏡中見諸色像。大慧！了別識亦如是見種種鏡像。大慧！了別識、分別事識，彼二種識無差別相，相迭共爲因。大慧！了別識不可思議熏變因。大慧！分別事識，分別取境界，因無始來戲論熏習。大慧！阿梨耶識虛妄分別種種熏滅，諸根亦滅，大慧！是名相滅。

「大慧！相續滅者，相續因滅則相續滅。因滅、緣滅則相續滅，大慧！所謂依法、依緣。言依法者，謂無始戲論妄想熏習；言依緣者，謂自心識見境界分別。大慧！譬如泥團微塵，非異、非不異，金莊嚴具亦復如是，非異、非不異。大慧！若泥團異者非彼所成，而實彼成，是故不異；若不異者，泥團微塵應無分別。大慧！如是轉識，阿梨耶識若異相者，不從阿梨耶識生；若不異者，轉識滅阿梨耶識亦應滅，而自相阿梨耶識不滅。是故大慧！諸識自相滅，自相滅者業相滅，若自相滅者阿梨耶識應滅。大慧！若阿梨耶識滅者，此不異外道斷見戲論。大慧！彼諸外道作如是說：『所謂離諸境界相續識滅，相續識滅已，即滅諸識。』大慧！若相續識滅者，無始世來諸識應滅。大慧！諸外道說相續諸識從作者生，不說識依眼、色、空、明和合而生，而說有作者。大慧！何者是外道作者？勝人自在時微塵等是能作者。」

「復次，大慧！外道有七種自性，何等爲七？一者集性自性，二者性自性，三者相性自性，四者大性自性，五者因性自性，六者緣性自性，七者成性自性。」

「復次，大慧！有七種第一義，何等爲七？一者心境界，二者智境界，三者慧境界，四者二見境界，五者過二見境界，六者過佛子地境界，七者入如來地內行境界。」

「大慧！此是過去、未來、現在諸佛如來，應、正徧知性自性第一義心。大慧！依此性自性第一義心，諸佛如來畢竟得於世間出世間，諸佛智慧眼，同相、別相諸法建立，如所建立不與外道邪見共同。大慧！云何不與外道邪見共同？所謂分別自心境界妄想見，而不覺知自心想見。大慧！諸愚癡凡夫無有實體，以爲第一義說二見論。」

「復次，大慧！汝今諦聽我爲汝說，虛妄分別以爲有物，爲斷三種苦。何等爲三？謂無知，愛業因緣滅，自心所見如幻境界。大慧！諸沙門、婆羅門作如是說：『本無始生，依因果而現。』復作是說：『實有物住依諸緣故，有陰界入生、住、滅，以生者滅故。』大慧！彼沙門、婆羅門說：『相續體本無始有，若生、若滅、若涅槃、若道、若業、若果、若諦。』破壞諸法，是斷滅論，非我所說，何以故？以現法不久當可得故，不見根本故。大慧！譬如瓶破不得瓶用，大慧！譬如燋種不生芽等。大慧！彼陰界入是滅，過去陰界入滅，現在未來亦滅。何以故？因自心虛妄分別見故。大慧！無彼陰界入相續體故。大慧！若本無始生，依三法生種種識者，龜毛何故不生、沙不出油？汝之所立決定之義是即自壞；汝說有無說生，所成因果亦壞。大慧！若如是依三法因緣，應生諸法因果自相，過去、現在、未來有無諸相譬喻。及阿含自覺觀地，依自見薰心作如是說。大慧！愚癡凡夫亦復如是，惡見所害邪見迷意，無智妄稱一切智說。」

「大慧！若復有沙門、婆羅門，見諸法離自性故，如雲火輪、犍闥婆城不生不滅故，如幻、陽炎、水中月故，如夢內外心，依無始世來虛妄分別戲論而現故，離自心虛妄分別可見因緣故，離滅盡妄想說、所說法故，離身資生持用法故，離阿梨耶識取境界相應故，入寂靜境界故，離生、住、滅法故，如是思惟觀察自心以爲生故。大慧！如是菩薩不久當得世間涅槃平等之心。」

「大慧！汝巧方便開發方便，觀察一切諸衆生界，皆悉如幻如鏡中像故，無因緣起遠離內境界故，自心見外境界故，次第隨入無相處故，次第隨入從地至地三昧境界故，信三界自心幻故。大慧！如是修行者當得如幻三昧故，入自心寂靜境界故，到彼岸境界故，離作者生法故，得金剛三昧故，入如來身故，入如來化身故，入諸力通自在大慈大悲莊嚴身故，入一切佛國土故，入一切衆生所樂故，離心意意識境界故，轉身得妙身故。大慧！諸菩薩摩訶薩如是修行者，必得如來無上妙身。大慧！菩薩欲證如來身者，當遠離陰界入心因緣和合法故，遠離生、住、滅虛妄分別戲論故。諸法唯心，當如是知，見三界因，無始世來虛妄分別戲論而有故，觀如來地寂靜不生故，進趣內身聖行故。大慧！汝當不久得心自在無功用行究竟故，如衆色隨摩尼寶化身入諸衆生微細心故，以入隨心地故，令諸衆生次第入地故，是故，大慧！諸菩薩摩訶薩應當善知諸菩薩修自行內法故。」

爾時，聖者大慧菩薩摩訶薩，復白佛言：「世尊！惟願為諸菩薩摩訶薩說心意意識五法自體相等法門。諸佛、菩薩修行之處，遠離自心邪見境界和合故，能破一切言語譬喻體相故。一切諸佛所說法心，為楞伽城摩羅耶山大海中諸菩薩，說觀察阿梨耶識大海波境界，說法身如來所說法故。」

爾時，佛告聖者大慧菩薩摩訶薩言：

「大慧！有四因緣眼識生，何等為四？一者不覺自內身取境界故；二者無始世來虛妄分別色境界，薰習執著戲論故；三者識自性體如是故；四者樂見種種色相故。大慧！是名四種因緣，於阿梨耶識海起大湧波能生轉識。大慧！如眼識起識，一切諸根毛孔一時轉識生，如鏡中像多少一時，復有隨因緣次第生。大慧！猶如猛風吹境心海而識波生不斷，因事相故，遞共不相離故，業體相使縛故，不覺色體故，而五識身轉故。」

「大慧！不離彼五識，因了別識相，名爲意識，共彼因常轉故。大慧！五識及心識不作是念：『我遞共爲因，自心見虛妄分別取諸境界，而彼各各不異相，俱現分別境界。』如是彼識微細生滅，以入修行三昧者不覺不知微細熏習，而修行者作是念：『我滅諸識入三昧。』而修行者不滅諸識入三昧。大慧！熏習種子心不滅，取外境界諸識滅。」

「大慧！如是微細阿梨耶識行，惟除佛如來入地諸菩薩摩訶薩，諸餘聲聞、辟支佛、外道修行者不能知故，入三昧智力亦不能覺；以其不知諸地相故，以不能知智慧方便差別善決定故，以不能覺諸佛如來集諸善根故，以不能知自心現境界分別戲論故，以不能入種種稠林阿梨耶識窟故。大慧！依下中上如實修行者，乃能分別見自心中虛妄見故，能於無量國土爲諸如來授位故，得無量自在力神通三昧故，依善知識佛子眷屬而能得見心意意識自心自體境界故，分別生死大海以業愛無智以爲因有故。大慧！是故如實修行者，應推覓親近善知識故。」

爾時，世尊而說偈言：

譬如巨海浪，斯由猛風起，洪波鼓冥壑，無有斷絕時。
梨耶識亦爾，境界風吹動，種種諸識浪，騰躍而轉生。
青赤鹽珂乳，味及於石蜜，衆華與果實，如日月光明。
非異非不異，海水起波浪，七識亦如是，心俱合和生。
譬如海水動，種種波浪轉，梨耶識亦爾，種種諸識生。
心意及意識，爲諸相故說，諸識無別相，非見所見相。
譬如海水波，是則無差別，諸識心如是，異亦不可得
心能集諸業，意能觀集境，識能了所識，五識現分別。

爾時，聖者大慧菩薩摩訶薩，以偈問佛：

青赤諸色像，目識如是見，水波相對法，何故如是說？

爾時，世尊以偈答曰：

青赤諸雜色，波中悉皆無，說轉識心中，為凡夫相說。
彼業悉皆無，自心離可取，可取及能取，與彼波浪同。
身資生住持，衆生惟識見，是故現轉識，水波浪相似。
大海波浪動，鼓躍可分別，阿梨耶識轉，何故不覺知？
凡夫無智慧，梨耶識如海，波浪轉對法，是故譬喻說。

爾時，聖者大慧菩薩摩訶薩，復說偈言：

日出光等照，下中上衆生，如來出世間，為凡夫說實。
佛得究竟法，何故不說實？

爾時，世尊以偈答曰：

若說真實者，彼心無真實。譬如海波浪，鏡中像及夢，

俱時而得現，心境界亦然。境界不具故，是故次第現，
識者識所識，意者然不然。五則以現見，定中無如是，
譬如巧畫師，及畫師弟子，布彩圖衆像，我說法亦爾。
彩色本無文，非筆亦非器，爲衆生說故，綺錯畫衆像。
言說離真實，真實離名字。我得真實處，如實內身知。
離覺所覺相，解如實爲說，此爲佛子說，愚者異分別。
種種皆如幻，唯見非真實，如是種種說，隨事實不實。
爲此人故說，於彼爲非說。彼彼諸病人，良醫隨處藥；
如來爲衆生，唯心應器說。妄想非境界，聲聞亦非分，
諸如來世尊，自覺境界說。

「復次，大慧！若菩薩摩訶薩欲知自心離虛妄分別、能取可取境界相者，當離憒閙、離睡眠蓋，初夜、後夜常自覺悟修行方便，離諸外道一切戲論，離聲聞、緣覺乘相，當通達自心現見虛妄分別之相。」

「復次，大慧！菩薩摩訶薩建立住持智慧心相者，於上聖智三相當勤修學。大慧！何等爲上聖智三相？所謂無所有相，一切諸佛自願住持相，內身聖智自覺知相。修行此已，能捨跛驢智慧之相，得勝子第八地三相修行。大慧！何者無所有相？謂觀聲聞、緣覺、外道相。大慧！何者一切諸佛自願住持相？謂諸佛本自作願住持諸法。大慧！何者內身聖智自覺知相？一切法相無所執著，得如幻三昧身，諸佛地處進趣修行。大慧！是名上聖智三相，若成就此三相者，能到自覺聖智境界。是故，大慧！諸菩薩摩訶薩，求上聖智三相者，當如是學。」

爾時，聖者大慧菩薩摩訶薩，知諸大菩薩摩訶薩心之所念，承佛如來住持之力，問於如來名聖智行分別法門體：「世尊！願爲我說名聖智行分別法門體！依百八見分別說。」

如來、應、正徧知依此百八見爲諸菩薩摩訶薩，分別說自相、同相妄想分別體，修行差別法：「大慧！諸菩薩善得此妄想分別自體法行差別，能清淨人無我、法無我，善解諸地過諸聲聞、辟支佛禪定三摩跋提之樂，得諸佛如來不可思議境界修行故；得離五法自體相行，入諸佛法身體真實行故；得如來法身善決定處，如幻境界所成故；一切國土從兜率天阿迦尼吒處得如來法身故。」

佛告聖者大慧菩薩：「有一種外道邪見執著空無所有，妄想分別智因有二：自體、無體；分別兔角無，如兔角無，諸法亦無。大慧！復有餘外道，見四大功德實有物見，各各有差別相實無兔角，虛妄執著妄想分別實有牛角。大慧！彼諸外道墮於二見，不知唯心妄想分別，增長自心界。大慧！如身資生器世間等，惟是心分別，不得分別兔角，離於有無。大慧！不得分別一切諸法離於有無。大慧！若有人離於有無，作如是言：『無有兔角分別，不得分別無有有兔角。』彼人見相待因，不得分別無兔角。何以故？大慧！乃至觀察微細微塵不見實事，離聖人智境界，不得分別有牛角。」

爾時，聖者大慧菩薩摩訶薩白佛言：「世尊！世尊！愚癡凡夫不見分別相，而比智分別彼人見無。」佛告聖者大慧菩薩言：「大慧！非觀分別心彼人無相，何以故？因虛妄分別心，依角有分別心。大慧！依止虛妄角有分別心，是故依依止因，離相待法，非見法彼無角。大慧！若離分別心更有分別，應離角有，非因角有。大慧！若不離彼分別心，彼法乃至觀察微塵不見有實物。大慧！不離於心彼法應無，以彼二法有無不可得，若爾，見何等法有、何等法無。大慧！若不如是見有無，不得分別有無，此義云何？見有牛角見無兔角，不得如是分別。大慧！以因不相似故，有無義不成，以諸外道、凡夫、聲聞說有無義二俱不成故。」

「大慧！復有餘外道，見色有因，妄想執著形相長短，見虛空無形相分齊，見諸色相異於虛空有其分齊。大慧！虛空即是色，以色大入虛空故。大慧！色即是虛空，依此法有彼法，依彼法有此法故；以依色分別虛空，依虛空分別色故。大慧！四大種生，自相各別，不住虛空，而四大中非無虛空。大慧！兔角亦如是，因牛角有，言兔角無。大慧！又彼牛角析爲微塵，分別微塵相不可得見，彼何等何等法有？何等何等法無？而言有耶、無耶！若如是觀，餘法亦然。」

爾時，佛告聖者大慧菩薩言：「大慧！汝當應離兔角、牛角、虛空、色異、妄想見等。大慧！汝亦應爲諸菩薩說離兔角等相。大慧！汝應當知自心所見虛妄分別之相。大慧！汝當於諸佛國土中，爲諸佛子說汝自心現見一切虛妄境界。」

爾時，世尊重說偈言：

色於心中無，心依境見有，內識衆生見，身資生住處。
心意與意識，自性及五法，二種無我淨，如來如是說。
長短有無等，展轉互相生，以無故成有，以有故成無。
分別微塵體，不起色妄想，但心安住處，惡見不能淨。
非妄智境界，聲聞亦不知，如來之所說，自覺之境界。

爾時，聖者大慧菩薩摩訶薩爲淨自心現流，復請如來而作是言：「世尊！云何淨除自心現流，爲次第淨？爲一時耶？」

佛告聖者大慧菩薩摩訶薩言：「大慧！淨自心現流，次第漸淨非爲一時。大慧！譬如菴摩羅果漸次成熟非爲一時。大慧！衆生清淨自心現流亦復如是，漸次清淨非爲一時；譬如陶師造作諸器，漸次成就非爲一時。大慧！諸佛如來淨諸衆生自心現流亦復如是，漸次而淨非一時淨。大慧！譬如大地生諸樹林、藥草、萬物，漸次增長非一時成。大慧！諸佛如來淨諸衆生自心現流亦復如是，漸次而淨非一時淨。大慧！譬如有人學諸音樂、歌舞、書畫種種技術，漸次而解非一時知。大慧！諸佛如來淨諸衆生自心現流亦復如是，漸次而淨非一時淨。」

「大慧！譬如明鏡無分別心，一時俱現一切色像；如來世尊亦復如是，無有分別，淨諸衆生自心現流，一時清淨非漸次淨，令住寂靜無分別處。大慧！譬如日月輪相光明，一時偏照一切色像非爲前後。大慧！如來世尊亦復如是，爲令衆生離自心煩惱見熏習氣過患，一時示現不思議智最勝境界。大慧！譬如阿梨耶識分別現境自身資生器世間等，一時而知非是前後。大慧！報佛如來亦復如是，一時成熟諸衆生界，置究竟天淨妙宮殿修行清淨之處。大慧！譬如法佛、報佛放諸光明，有應化佛照諸世間。大慧！內身聖行光明法體，照除世間有無邪見亦復如是。」

「復次，大慧！法佛、報佛說一切法自相同相故，因故，自心現見熏習相故，因虛妄分別戲論相縛故，如所說法無如是體故。大慧！譬如幻師幻作一切種種形像，諸愚癡人取以為實，而彼諸像實不可得。復次，大慧！虛妄法體依因緣法，執著有實分別而生。大慧！如巧幻師依草木瓦石作種種事，依於咒術人工之力，成就一切衆生形色身分之相，名幻人像，衆生見幻種種形色，執著為人而實無人。大慧！衆生雖見以為是人，無實人體。大慧！因緣法體隨心分別亦復如是，以見心相種種幻故，何以故？以執著虛妄相，因分別心熏習故。大慧！是名分別虛妄體相。大慧！是名報佛說法之相。大慧！法佛說法者，離心相應體故，內證聖行境界故。大慧！是名法佛說法之相。」

「大慧！應化佛所作應佛說施、戒、忍、精進、禪定、智慧故，陰界入解脫故，建立識想差別行故，說諸外道無色三摩跋提次第相。大慧！是名應佛所作應佛說法相。復次，大慧！法佛說法者，離攀緣故，離能觀所觀故，離所作相量相故。大慧！非諸凡夫、聲聞、緣覺、外道境界故，以諸外道執著虛妄我相故。是故，大慧！如是內身自覺修行勝相當如是學。大慧！汝當應離見自心相以爲非實。」

「復次，大慧！聲聞乘有二種差別相，謂於內身證得聖相故，執著虛妄相分別有物故。大慧！何者聲聞內身證得聖相？謂無常、苦、空、無我境界故；真諦離欲寂滅故；陰界入故；自相同相故；內外不滅相故；見如實法故；得心三昧，得心三昧已，得禪定解脫三昧道果三摩跋提不退解脫故；未得不可思議熏習變易死故；內身證得聖樂行法住聲聞地故。大慧！是名聲聞內身證得聖相。大慧！菩薩摩訶薩入諸聲聞內證聖行三昧樂法，而不取寂滅空門樂，不取三摩跋提樂，以憐愍衆生故，起本願力行，是故，雖知不取爲究竟。大慧！是名聲聞內身證聖修行樂相。大慧！菩薩摩訶薩應當修行內身證聖修行樂門而不取著。大慧！何者是聲聞分別有物執著虛妄相？謂於四大堅、濕、熱、動相，青、黃、赤、白等相故；無作者而有生故；自相同相故；斟量相應阿含先勝見善說故；依彼法虛妄執著以爲實有。大慧！是名聲聞分別有物執著虛妄相。大慧！菩薩摩訶薩於彼聲聞法應知而捨，捨已，入法無我相；入法無我相已，入人無我；觀察無我相已次第入諸地。大慧！是名聲聞分別有物執著虛妄相。大慧！所言聲聞乘有二種相者我已說竟。」

爾時，聖者大慧菩薩摩訶薩復白佛言：「世尊！世尊所說常不可思議法，內身證聖境界法第一義法。世尊！外道亦說常不可思議因果，此義云何？」

佛告聖者大慧菩薩言：「大慧！諸外道說常不可思議因果不成。何以故？大慧！諸外道說常不可思議，非因自相相應故。大慧！諸外道說常不可思議，若因自相不相應者，此何等法？何等法了出，是故外道不得言常不可思議。復次，大慧！諸外道說常不可思議者，若因自相相應者應成無常不可思議，以有因相故，是故，不成常不可思議。大慧！我說常不可思議，第一義常不可思議，與第一義相因果相應故，以離有無故，以內身證相故，以有彼相故，以第一義智因相應故，以離有無故，以非所作故，與虛空涅槃寂滅譬喻相應故，是故常不可思議。是故，大慧！我說常不可思議不同外道常不可思議論。大慧！此常不可思議，諸佛如來、應、正徧知實是常法，以諸佛聖智內身證得故，非心意意識境界故。大慧！是故菩薩摩訶薩應當修行常不可思議內身所證聖智行法。」

「復次，大慧！諸外道常不可思議，無常法相因相應故，是故無常；非因相而得名故，是故常法不可思議。大慧！若諸外道常不可思議，見有無法而言常，以彼法比智知言有常。大慧！我亦如是，即因此法作有無見，無常應常，何以故？以無因相故。復次，大慧！諸外道說若因相相應成常不可思議，以彼外道言因自相有無故者同於兔角。大慧！此常不可思議，諸外道等但虛妄分別，何以故？以無兔角但虛妄分別故，自因相無故。大慧！我常不可思議，惟內身證相因故，離作有無法故，是故常不可思議，以無外相故，常法相應故。大慧！諸外道等見無外相，比智知常不可思議以爲常；彼外道等不知常不可思議，自因相彼因相故，以內身聖智證境界相故。大慧！彼諸外道外於我法不應爲說。」

「復次，大慧！諸聲聞、辟支佛畏生死妄想苦而求涅槃，不知世間涅槃無差別故，分別一切法與非法而滅諸根，不取未來境界，妄取以爲涅槃，不知內身證修行法故，不知阿梨耶識轉故。大慧！是故彼愚癡人說有三乘法，而不能知唯心相滅得寂靜法；是故彼無智愚人，不知過去、未來、現在諸佛如來、應、正徧知自心見境界故，執著外心境界故。是故，大慧！彼愚癡人於世間生死輪中常轉不住。」

「復次，大慧！過去、未來、現在一切諸佛皆說諸法不生，何以故？謂自心見有無法故，若離有無諸法不生故。是故，大慧！一切法不生。大慧！一切法如兔角、驢駝角等。大慧！愚癡凡夫妄想分別，分別諸法，是故，一切諸法不生。大慧！一切諸法自體相不生，是內身證聖智境界故，非諸凡夫自體分別二境界故。大慧！是阿梨耶識，身資生器世間去來自體相故，見能取可取轉故，諸凡夫墮於生、住、滅二相心故，分別諸法生有無故。大慧！汝應知如是法故。」

「復次，大慧！我說五種乘性證法，何等爲五？一者聲聞乘性證法，二者辟支佛乘性證法，三者如來乘性證法，四者不定乘性證法，五者無性證法。」

「大慧！何者聲聞乘性證法？謂說陰界入法故，說自相同相證智法故，彼身毛孔熙怡欣悅，樂修相智不修因緣不相離相故。大慧！是名聲聞乘性證法故。彼聲聞人邪見證智，離起麤煩惱，不離無明熏習煩惱，見己身證相，謂初地中乃至五地、六地離諸煩惱，同已所離故，熏習無明煩惱故，墮不可思議變易死故，而作是言：『我生已盡，梵行已立，所作已辦，不受後有。』如是等得入人無我乃至生心，以爲得涅槃故。大慧！復有餘外道求證涅槃，而作是言：『覺知我、人、衆生、壽命、作者、受者、丈夫。』以爲涅槃。大慧！復有餘外道，見一切諸法依因而有，生涅槃心故。大慧！彼諸外道無涅槃解脫，以不見法無我故，大慧！是名聲聞乘外道性，於非離處而生離想。大慧！汝應轉此邪見修行如實行故。」

「大慧！何者辟支佛乘性證法？謂聞說緣覺證法，舉身毛豎悲泣流淚。不樂憒鬧故，觀察諸因緣法故，不著諸因緣法故，聞說自身種種神通，若離若合種種變化，其心隨入故。大慧！是名緣覺乘性證法，汝當應知隨順緣覺說。」

「大慧！何者如來乘性證法？大慧！如來乘性證法有四種，何等爲四？一者證實法性，二者離實法證性，三者自身內證聖智性，四者外諸國土勝妙莊嚴證法性。大慧！若聞說此一一法時，但阿梨耶心見外身所依資生器世間不可思議境界，不驚、不怖、不畏者。大慧！當知是證如來乘性人。大慧！是名如來乘性證法人相。」

「大慧！何者不定乘性證法？大慧！若人聞說此三種法，於一一中有所樂者隨順爲說。大慧！說三乘者爲發起修行地故，說諸性差別非究竟地，爲欲建立畢竟能取寂靜之地故。大慧！彼三種人離煩惱障熏習得清淨故，見法無我得三昧樂行故，聲聞、緣覺畢竟證得如來法身故。」

爾時，世尊重說偈言：

逆流修無漏，往來及不還，應供阿羅漢，是等心亂惑。

我說於三乘，一乘及非乘，諸聖如實解，凡夫不能知。
第一義法門，遠離於二教，建立於三乘，爲住寂靜處。
諸禪及無量，無色三摩提，無想定滅盡，亦皆心中無。

「大慧！何者無性乘？謂一闡提。大慧！一闡提者無涅槃性，何以故？於解脫中不生信心，不入涅槃。大慧！一闡提者有二種，何等爲二？一者焚燒一切善根，二者憐愍一切衆生，作盡一切衆生界願。大慧！云何焚燒一切善根？謂謗菩薩藏作如是言：『彼非隨順修多羅、毗尼解脫說。』捨諸善根，是故不得涅槃。大慧！憐愍衆生作盡衆生界願者，是爲菩薩。大慧！菩薩方便作願：『若諸衆生不入涅槃者，我亦不入涅槃。』是故菩薩摩訶薩不入涅槃。大慧！是名二種一闡提無涅槃性。以是義故，決定取一闡提行。」

大慧菩薩白佛言：「世尊！此二種一闡提，何等一闡提常不入涅槃？」佛告大慧：「菩薩摩訶薩一闡提常不入涅槃，何以故？以能善知一切諸法本來涅槃，是故不入涅槃，非捨一切善根闡提。何以故？大慧！彼捨一切善根闡提，若值諸佛善知識等，發菩提心生諸善根便證涅槃。何以故？大慧！諸佛如來不捨一切諸眾生故。是故，大慧！菩薩一闡提常不入涅槃。」

【入楞伽經卷第三】

集一切佛法品第三之二

「復次，大慧！菩薩摩訶薩當善知三法自體相。大慧！何等三法自體相？一者虛妄分別名字相，二者因緣法體自相相，三者第一義諦法體相。大慧！何者虛妄分別名字相？謂從名字虛妄分別一切法相，是名虛妄分別名字之相。大慧！何者因緣法體自相相？大慧！因緣法體自相相者，從境界事生故。大慧！因緣法體境界事相，諸佛如來、應、正徧知說虛妄分別差別有二種。何等二種？一者妄執名字戲論分別，二者妄執名字相、分別境界相、事相。大慧！何者妄執名字相、境界相、事相？謂即彼內外法自相、同相。大慧！是名因緣法體二種自相相，以依彼法觀彼法生故。大慧！是名因緣法體自相相。大慧！何者第一義諦法體相？謂諸佛如來離名字相、境界相、事相相，聖智修行境界行處。大慧！是名第一義諦相諸佛如來藏心。」

爾時，世尊重說偈言：

名相分別事，及法有二相，真如正妙智，是第一義相。

「大慧！是名觀察五法自相法門，諸佛、菩薩修行內證境界之相，汝及諸菩薩應如是學。」

「復次，大慧！菩薩摩訶薩應當善觀二無我相。大慧！何等二種？一者人無我智，二者法無我智。」

「云何人無我智？謂離我、我所，陰界入聚故；無智業愛生故；依眼色等虛妄執著故；自心現見一切諸根器身屋宅故；自心分別分別故；分別分別識故；如河流、種子、燈焰、風雲，念念展轉前後差別輕躁動轉，如猨、猴、蠅等愛樂不淨境界處故；無厭足如火故；因無始來戲論境界熏習故；猶如轆轤車輪機關，於三界中生種種色種種身，如幻起屍。大慧！如是觀諸法相巧方便智，是名善知人無我智境界之相。」

「大慧！何者法無我智？謂如實分別陰界入相。大慧！菩薩觀察陰界入等無我、我所，陰界入聚因業愛繩遞共相縛，因緣生故無我、無作者。大慧！陰界入等離同相異相故，依不實相分別得名，愚癡凡夫妄想分別以爲有故，非證實者見以爲有。大慧！菩薩如是觀察心意意識，五法體相一切離故，諸因緣無，是名善知諸法無我智境界相。大慧！菩薩善知諸法無我已，觀察真如修寂靜行，不久當得初歡喜地；善能觀察歡喜地已，如是諸地次第轉明，乃至得證法雲之地；菩薩住彼法雲地已，無量諸寶間錯莊嚴大蓮華王座、大寶宮殿，如實業幻境界所生而坐其上，一切同行諸佛子等恭敬圍遶，十方諸佛申手灌頂授於佛位，如轉輪王灌太子頂，過佛子地；過佛子地已，觀諸佛法如實修行，於諸法中而得自在；得自在已，名得如來無上法身，以見法無我故。大慧！是名如實法無我相。大慧！汝及諸菩薩應如是學。」

爾時，聖者大慧菩薩復白佛言：「世尊！世尊有無謗相，願爲我說！世尊！我及諸菩薩摩訶薩若聞得離有無邪見，速得阿耨多羅三藐三菩提；得阿耨多羅三藐三菩提已，遠離斷常邪見建立，便能建立諸佛正法。」

爾時，世尊復受聖者大慧菩薩摩訶薩請已，而說偈言：

心中無斷常，身資生住處，惟心愚無智，無物而見有。

爾時，世尊於此偈義復重宣說，告聖者大慧菩薩言：「大慧！有四種建立謗相，何等爲四？一者建立非有相，二者建立非正見相，三者建立非有因相，四者建立非有體相。大慧！是名四種建立。大慧！何者是謗相？大慧！觀察邪見所建立法，不見實相，即謗諸法，言一切無。大慧！是名建立謗相。」

「復次，大慧！何者建立非有相？謂分別陰界入非有法，無始來戲論非有實故，而執著同相、異相，此法如是如是畢竟不異。大慧！依此無量世來煩惱薰習執著而起。大慧！是名建立非有相。大慧！何者建立非正見相？大慧！彼陰界入中，無我、人、衆生、壽者、作者、受者，而建立邪見，謂有我等故。大慧！是名建立非正見相。大慧！何者建立非有因相？謂初識不從因生，本不生後時生，如幻本無，因物而有，因眼色明，念故識生，生已還滅。大慧！是名建立非有因相。大慧！何者建立非有體謗法相？謂虛空、滅、涅槃，無作、無物，建立執著。大慧！彼三法離有無故。大慧！一切諸法如兔馬驢駝角、毛輪等故，離有無建立相故。大慧！大慧！建立謗相者，諸凡夫虛妄分別故，不知但是心，見諸法是有，非聖人所見故。大慧！是名建立非有體謗法相。汝當遠離不正見建立謗法相故。」

「復次，大慧！諸菩薩摩訶薩如實知心意意識、五法體相、二種無我，爲安隱衆生現種種類像，如彼虛妄無所分別，依因緣法而有種種。大慧！菩薩摩訶薩亦復如是，依衆生現種種色，如如意寶，隨諸一切衆生心念，於諸佛土大衆中現。如幻、如夢、如響、如水中月、鏡中像故，遠離諸法，不生、不滅、非常、非斷故，現佛如來，離諸聲聞、緣覺乘故，聞諸佛法，即得無量百千萬億諸深三昧；得三昧已，依三昧力從一佛土至一佛土供養諸佛，示現生於諸宮殿中讚歎三寶；現作佛身，菩薩、聲聞大衆圍遶，令諸一切衆生得入自心見境，爲說外境無物、有物，令得遠離建立有無法故。」

爾時，世尊重說偈言：

佛子見世間，唯心無諸法，種類非身作，得力自在成。

爾時，聖者大慧菩薩復請佛言：「惟願世尊爲我等說一切法空、無生、無二、離自體相，我及一切諸菩薩衆，知諸法空、無生、無二、離自體相已，離有無妄想，速得阿耨多羅三藐三菩提。」爾時，佛告聖者大慧菩薩摩訶薩言：「善哉，善哉！善哉大慧！諦聽，諦聽！我當爲汝廣分別說。」大慧白佛言：「善哉，世尊！唯然受教。」

佛告大慧言：「大慧！空者即是妄想法體句。大慧！依執著妄想法體，說空、無生、無體相、不二。大慧！空有七種，何等爲七？一者相空，二者一切法有物無物空，三者行空，四者不行空，五者一切法無言空，六者第一義聖智大空，七者彼彼空。大慧！何者是相空？謂一切法自相、同相空，見遞共積聚。大慧！觀察一一法自相、同相，無一法可得，離自相、他相二相，無相可住可見，是故名爲自相空。大慧！何者一切法有物無物空？謂自體相實有法生。大慧！諸法自體相有無俱空，是故名爲自體相有物無物空。大慧！何者是行空？謂諸陰等離我、我所，依因作業而得有生，大慧！是故名爲行空。大慧！何者不行空？謂陰法中涅槃未曾行，大慧！是名不行空。大慧！何者一切法無言空？謂妄想分別一切諸法無言可說，大慧！是名一切法無言空。大慧！何者第一義聖智大空？謂自身內證聖智法空，離諸邪見熏習之過，大慧！是名第一義聖智大空。大慧！何者彼彼空？謂何等何等法處，彼法無此法有，彼法有此法無，是故言空。大慧！我昔曾爲鹿母說殿堂空者，無象、馬、牛、羊等名爲空，有諸比丘等名爲不空，而殿堂殿堂體無，比丘比丘體亦不可得，而彼象、馬、牛、羊等非餘處無。大慧！如是諸法自相、同相，亦不可得離此彼處，是故我言彼彼空。大慧！是名七種空。大慧！此彼彼空最為麤淺。大慧！汝當應離彼彼空不須修習。」

大慧言：「何者不生？」

「大慧！自體不生而非不生，依世諦故說名為生，依本不生故言不生。」

大慧言：「何者無體相？」

「大慧！我說無體相者，一切諸法體本不生，是故我言諸法無體相，而相續體剎那不住。大慧！以見異異相故，是故一切法無體相。」

大慧言：「何者名為不二法相？」

「大慧！二法相者，謂日光影、長短、黑白，彼如是等法各各別名，不得言不二。大慧！如世間涅槃，一切諸法各各有二。大慧！何等涅槃？彼處無世間。何處世間？彼處無涅槃。以異因相故，是故我言一切諸法不二。一切諸法不二者，世間、涅槃無二故，是故汝應修學諸法空不生無體不二故。」

爾時，世尊重說偈言：

我常說空法，遠離於斷常，生死如幻夢，而彼業不失。
虛空及涅槃，滅二亦如是，凡夫分別生，聖人離有無。

爾時，佛告聖者大慧菩薩摩訶薩言：「大慧！一切法空、不生、無體、不二相，入於諸佛如來所說修多羅中，凡諸法門皆說此義。大慧！一切修多羅，隨諸一切衆生心故分別顯示。大慧！譬如陽焰迷惑禽獸，虛妄執著生於水想，而陽焰中實無有水。大慧！一切修多羅說法亦復如是，爲諸凡夫自心分別令得歡喜，非如實聖智在於言說。大慧！汝應隨順於義，莫著所說名字章句。」

爾時，聖者大慧菩薩摩訶薩白佛言：「世尊！世尊！如修多羅說，如來藏自性清淨具三十二相，在於一切衆生身中，爲貪、瞋、癡不實垢染，陰界入衣之所纏裹，如無價寶垢衣所纏。如來世尊復說常恆清涼不變。世尊！若爾外道亦說我有神我常在不變，如來亦說如來藏常乃至不變。世尊！外道亦說有常作者，不依諸緣自然而有，周徧不滅，若如是者，如來、外道說無差別。」

佛告聖者大慧菩薩言：「大慧！我說如來藏常，不同外道所有神我。大慧！我說如來藏空、實際、涅槃、不生、不滅、無相、無願等文辭章句，說名如來藏。大慧！如來、應、正徧知，爲諸一切愚癡凡夫，聞說無我生於驚怖，是故我說有如來藏；而如來藏無所分別，寂靜無相，說名如來藏。大慧！未來、現在諸菩薩等，不應執著有我之相。大慧！譬如陶師依於泥聚、微塵、輪繩、人功、手木、方便力故，作種種器，大慧！如來世尊亦復如是。彼法無我離諸一切分別之相，智慧巧便說名如來藏，或說無我，或說實際及涅槃等，種種名字章句示現，如彼陶師作種種器。是故，大慧！我說如來藏，不同外道說有我相。大慧！我說如來藏者，爲諸外道執著於我，攝取彼故說如來藏，令彼外道離於神我妄想見心執著之處，入三解脫門，速得阿耨多羅三藐三菩提。大慧！以是義故，諸佛如來、應、正徧知說如來藏；是故我說有如來藏，不同外道執著神我。是故，大慧！爲離一切外道邪見，諸佛如來作如是說。汝當修學如來無我相法。」

爾時，世尊重說偈言：

人我及於陰，衆緣與微塵，自性自在作，唯心妄分別。

爾時，聖者大慧菩薩觀察未來一切衆生，復請佛言：「唯願世尊爲諸菩薩說如實修行法，彼諸菩薩聞說如實修行之法，便得成就如實修行者。」

佛告聖者大慧菩薩摩訶薩言：「大慧！有四種法得名爲大如實修行者，何等爲四？一者善知自心現見故，二者遠離生、住、滅故，三者善解外法有無故，四者樂修內身證智故。大慧！菩薩成就如是四法，得成就大如實修行者。大慧！何者菩薩摩訶薩觀察三界但是一心作故？離我、我所故，無動無覺故，離取捨故，從無始來虛妄執著，三界薰習戲論心故，種種色行常繫縛故，身及資生器世間中六道虛妄現故。大慧！是名諸菩薩摩訶薩善知自心現見相。大慧！云何一切菩薩摩訶薩見遠離生、住、滅法？謂觀諸法如幻，如夢故，一切諸法自他二種無故不生，以隨自心現知見故，以無外法故，諸識不起觀諸因緣無積聚故，見諸三界因緣有故，不見內外一切諸法無實體故，遠離生諸法不正見故，入一切法如幻相故；菩薩爾時名得初地無生法忍，遠離心意意識五法體相故，得二無我如意意身，乃至得第八不動地如意意身故。」

大慧菩薩白佛言：「世尊！何故名爲如意意身？」

佛告大慧：「隨意速去，如念即至，無有障礙，名如意身。大慧！言如意者，於石壁山障無量百千萬億由旬，念本所見種種境界自心中縛，不能障礙自在而去。大慧！如意身者亦復如是，得如幻三昧自在神力莊嚴其身，進趣一切聖智種類身無障礙隨意而去，以念本願力境界故，爲化一切諸衆生故，大慧！是名菩薩摩訶薩遠離生、住、滅相。大慧！云何一切菩薩摩訶薩善解外法有無之相？所謂菩薩見一切法如陽焰、如夢、如毛輪故，因無始來執著種種戲論分別妄想薰習故，見一切法無體相，求證聖智境界修行故，大慧！是名菩薩善解外法有無之相。即成就大如實修行者。大慧！汝應如是修學。」

爾時，聖者大慧菩薩復請佛言：「世尊！唯願世尊說一切法因緣之相，我及一切諸菩薩等，善知諸法因緣之相，離於有無不正見等妄想分別諸法次第一時生過。」

佛告大慧菩薩言：「大慧！一切諸法有於二種因緣集相，所謂內、外。大慧！外法因緣集相者，所謂泥團等柱、輪、繩、人功、方便緣故，則有瓶生。大慧！如泥團等因緣生瓶，如是縷疊、草席、種芽、湩等人功生酪，生酪已生酥，生酥已得醍醐。大慧！是名外法因緣集相，從下上上應知。大慧！何者內法因緣集相？大慧！所謂無明、業、愛，如是等法名內因緣集相。大慧！因無明等陰界入等，而得名爲因緣集相，而諸凡夫虛妄分別各見別相。」

「大慧！因有六種，何等爲六？一者當因，二者相續因，三者相因，四者作因，五者了因，六者相待因。大慧！當因者，作因已能生內外法。大慧！相續因者，能攀緣內外法陰種子等。大慧！相因者，能生相續次第作事而不斷絕。大慧！作因者，能作增上因如轉輪王。大慧！了因者，妄想事生已能顯示，如燈照色等。大慧！相待因者，於滅時不見虛妄生法，相續事斷絕故。大慧！如是諸法，凡夫自心虛妄分別。大慧！是諸法非次第生，非一時生。何以故？大慧！若一切法一時生者，因果不可差別，以不見因果身相故；若次第生者，未得身相不得言次第生，如未有子不能言父。」

「大慧！愚癡凡夫自心觀察，次第相續不相應故，作如是言：『因緣次第緣、所緣緣、增上緣等能生諸法。』大慧！如是次第諸法不生。大慧！虛妄分別取法體相，一時次第俱亦不生。復次，大慧！自心中見身及資生故。大慧！自相、同相外法無法，是故次第一時不生。大慧！但虛妄識生自心見故。大慧！汝當應離不正見因緣生事次第一時生法。」

爾時，世尊重說偈言：

因緣無不生，不生故不滅，生滅因緣虛，非生亦非滅。
爲遮諸因緣，愚人虛妄取，有無緣不生，故諸法不起。
以於三界中，熏習迷惑心，因緣本自無，不生亦不滅。
見諸有爲法，石女虛空花，轉可取能取，不生惑妄見。
現本皆不生，緣本亦不有，如是等諸法，自體是空無；
亦無有住處，爲世間說有。

爾時，聖者大慧菩薩復白佛言：「世尊！惟願世尊爲我說名分別言語相心法門，我及一切諸菩薩等若得善知名分別言語相心法門，則能通達言說及義二種之法，速得阿耨多羅三藐三菩提；得菩提已，言說及義，能令一切諸衆生等得清淨解。」

佛告聖者大慧菩薩言：「善哉，大慧！諦聽，諦聽！當爲汝說。」

大慧菩薩言：「善哉，世尊！唯然受教。」

佛告大慧菩薩言：「大慧！有四種妄相言說，何等爲四？一者相言說，二者夢言說，三者妄執言說，四者無始言說。大慧！相言說者，所謂執著色等諸相而生。大慧！夢言說者，念本受用虛妄境界，依境界夢覺已，知依虛妄境界不實而生。大慧！執著言說者，念本所聞、所作業生。大慧！無始言說者，從無始來執著戲論煩惱種子熏習而生。大慧！我言四種言說虛妄執著者，我已說竟。」

爾時，聖者大慧菩薩復以此義勸請如來，而白佛言：「世尊！惟願爲我重說四種虛妄執著言語之相，衆生言語何處出？云何出？何因出？」佛告大慧菩薩言：「大慧！從頭、胸、喉、鼻、脣、舌、齗齒轉故，和合出聲。」大慧菩薩白佛言：「世尊！口中言語虛妄法相，爲異爲不異？」佛告大慧言：「大慧！言語虛妄，非異非不異。何以故？大慧！因彼虛妄法相生言語故。大慧！若言語異者應無因生，大慧！若不異者，言說不能了前境界。大慧！說彼言語能了前境，是故非異非不異。」

大慧復白佛言：「世尊！爲言語即第一義？爲言語所說爲第一義？」佛告大慧：「非言語即第一義，何以故？大慧！爲令第一義隨順言語入聖境界，故有言語說第一義，非言語即第一義。大慧！第一義者聖智內證，非言語法是智境界，以言語能了彼境界。大慧！說第一義言語者，是生滅法念念不住，因緣和合有言語生。大慧！因緣和合者，彼不能了第一義，何以故？以無自相、他相故。是故，大慧！言語不能了第一義。復次，大慧！隨順自心見外諸法無法分別，是故不能了知第一義。是故，大慧！汝當應離種種言語妄分別相。」

爾時，世尊重說偈言：

諸法本虛妄，無有自體實，是故諸言語，不能說有無。
空及與不空，凡夫不能知，諸法無體相，說衆生亦爾。
分別有無法，猶如化夢等，觀察一切法，不住於涅槃，
亦不住世間，如王長者等，爲令諸子喜，泥作諸禽獸，
先與虛僞物，後乃授實事。我說種種法，自法鏡像等，
爲諸佛子喜，後說明實際。

爾時，聖者大慧菩薩復白佛言：「世尊！唯願世尊爲諸菩薩及我身說離一異、俱不俱、有無、非有非無、常無常；一切外道所不能行，聖智自證覺所行故，離於自相、同相法故，入第一義實法性故，諸地次第上上清淨故，入如來地相故，依本願力，如如意寶，無量境界修行之相自然行故，於一切法自心現見差別相故；我及一切諸菩薩等，離於如是妄想、分別、同相、異相，速得阿耨多羅三藐三菩提，得菩提已，與一切衆生安隱樂具悉令滿足故。」佛告大慧：「善哉，善哉！善哉大慧！汝爲哀愍一切天人，多所安樂，多所饒益，乃能問我如是之義。善哉，善哉！善哉大慧！諦聽，諦聽！我當爲汝分別解說。」大慧白佛言：「善哉世尊！唯然受教。」

佛告大慧：「愚癡凡夫不能覺知唯自心見，執著外諸種種法相以爲實有，是故虛妄分別一異、俱不俱、有無、非有非無、常無常，因自心熏習依虛妄分別心故。大慧！譬如羣獸爲渴所逼，依熱陽焰自心迷亂而作水想，東西馳走不知非水。大慧！如是凡夫愚癡心見，生、住、滅法不善分別，因無始來虛妄執著戲論熏習，貪、瞋、癡熱迷心逼惱，樂求種種諸色境界，是故，凡夫墮於一異、俱不俱、有無、非有非無、常無常等。大慧！譬如凡夫見犍闥婆城生實城想，因無始來虛妄分別城想種子熏習而見。大慧！彼城非城非不城。大慧！一切外道亦復如是，因無始來戲論熏習，執著一異、俱不俱、有無、非有非無、常無常法故。大慧！以不覺知唯是自心虛妄見故。大慧！譬如有人於睡夢中見諸男女、象馬車步、城邑聚落、牛與水牛、園林樹木、種種山河、泉流浴池、宮殿樓閣種種莊嚴廣大嚴博，見身在中忽然即覺，覺已憶念彼廣大城。大慧！於意云何？彼人名爲是聖者不？」

大慧白佛言：「不也！世尊！」

佛告大慧：「一切愚癡凡夫、外道、邪見、諸見亦復如是，不能覺知諸法，夢睡自心見故，執著一異、俱不俱、有無、非有非無、常無常見故。大慧！譬如畫像不高不下，大慧！愚癡凡夫妄見諸法有高有下。大慧！於未來世依諸外道邪見心熏習，增長虛妄分別一異、俱不俱、有無、非有非無、常無常等。大慧！而彼外道自壞壞他，說如是言：『諸法不生不滅，有無寂靜。』彼人名爲不正見者。大慧！彼諸外道謗因果法，因邪見故，拔諸一切善根白法清淨之因。大慧！欲求勝法者當遠離說如是法人，彼人心著自他二見，執虛妄法墮於誹謗，建立邪心入於惡道。大慧！譬如目翳，見虛空中有於毛輪，爲他說言：『如是如是青、黃、赤、白，汝何不觀？』大慧！而彼毛輪本自無體，何以故？有見不見故。大慧！諸外道等依邪見心虛妄分別亦復如是，虛妄執著一異、俱不俱、有無、非有非無、常無常生諸法故。大慧！譬如天雨生於水泡似頗梨珠，愚癡凡夫妄見執著生於珠想東西走逐，大慧！而彼水泡非珠寶非不珠寶，何以故？有取不取故。大慧！彼諸外道因虛妄心分別熏習亦復如是，說非有法依因緣生，復有說言實有法滅。」

「復次，大慧！彼諸外道建立三種量、五分論，而作是言：『實有聖者內證之法，離二自體虛妄分別故。』大慧！離心意意識轉身，便得聖種類身，修行諸行無如是心，離自心見能取可取虛妄境界故，入如來地自身進趣證聖智故，如實修行者不生有無心故。大慧！如實修行必得如是境界故。大慧！若取有無法者，即為我相、人相、衆生相、壽者相故。大慧！說有無法自相、同相，是名應化佛說，非法佛說。復次，大慧！應化如來說如是法，隨順愚癡凡夫見心令其修行，非為建立如實修行，示現自身內證聖智三昧樂行故。」

「大慧！譬如人見水中樹影，大慧！彼非影非不影，何以故？有樹則有、無樹則無故。大慧！彼諸外道依邪見心妄想熏習亦復如是，分別一異、俱不俱、有無、非有非無、常無常，妄想分別故，何以故？以不覺知唯自心見故。大慧！譬如明鏡隨緣得見一切色像無分別心，大慧！彼非像非不像，何以故？有緣得見、無緣不見故。大慧！愚癡凡夫自心分別見像有無，大慧！一切外道自心妄想分別鏡像亦復如是，見一異、俱不俱故。大慧！譬如諸響因人、山、河、水、風、空屋和合而聞，彼所聞響非有非無，何以故？因聲聞聲故。大慧！一切外道自心虛妄分別熏習，見一異、俱不俱、有無、非有非無、常無常故。」

「大慧！譬如大地無諸草木園林之處，因於日光塵土和合見水波動，而彼水波非有非無，何以故？令衆生歡喜不歡喜故。大慧！一切外道愚癡凡夫亦復如是，因無始來煩惱心熏習戲論，分別生住滅、一異、俱不俱、有無、非有非無、常無常，聖人內身證智門中，示現陽焰渴愛事故。大慧！譬如有人依咒術力起於死屍，機關木人無衆生體，依毗舍闍力、依巧師力作去來事，而諸愚癡凡夫執著以爲實有，以去來故。大慧！愚癡凡夫、諸外道等墮邪見心亦復如是，執著虛妄一異、俱不俱、有無、非有非無、常無常故，是故凡夫外道虛妄建立如是法故。是故，大慧！汝當遠離生住滅、一異、俱不俱、有無、非有非無、常無常故，自身內證聖智分別故。」

爾時，世尊重說偈言：

五陰及與識，如水中樹影，如幻夢所見，莫依意識取。
諸法如毛輪，如焰水迷惑，觀察於三界，一切如幻夢。

若能如是觀，修行得解脫，如夏獸愛水，搖動迷惑心。
彼處無水事，妄想見爲水，如意識種子，境界動生見。
愚癡取爲實，彼法生如翳，無始世愚癡，取物如懷抱。
如因楔出楔，誑凡夫入法，幻起屍機關，夢電雲恆爾。
觀世間如是，斷有得解脫，陽焰虛空中，無有諸識知。
觀諸法如是，不著一切法，諸識唯有名，以諸相空無。
見陰如毛輪，何法中分別，晝及諸毛輪，幻夢揵闥婆。
火輪禽趣水，實無而見有，常無常及一，二俱及不俱。
依無始因縛，凡夫迷惑心，鏡寶水眼中，現諸種種像。
妄見種種色，如夢石女兒，一切法無實，如獸愛空水。

「復次，大慧！諸佛如來說法離四種見，謂離一異、俱不俱故，遠離建立有無故。大慧！一切諸佛如來說法，依實際因緣寂滅解脫故。大慧！一切諸佛如來說法，依究竟境界，非因、自性、自在天、無因、微塵時，不依如是說法。」

「復次，大慧！諸佛說法離二種障，煩惱障、智障。如大商主將諸人衆，次第置於至未曾見究竟安隱寂靜之處，次第安置令善解知乘地差別相故。」

「復次，大慧！有四種禪，何等爲四？一者愚癡凡夫所行禪，二者觀察義禪，三者念真如禪，四者諸佛如來禪。大慧！何者愚癡凡夫所行禪？謂聲聞、緣覺、外道修行者，觀人無我、自相、同相骨鎖故，無常、苦、無我、不淨執著諸相，如是如是決定畢竟不異故，如是次第因前觀，次第上上，乃至非想滅盡定解脫，是名愚癡凡夫外道聲聞等禪。大慧！何者觀察義禪？謂觀人無我、自相、同相故，見愚癡凡夫外道自相、同相、自他相無實故，觀法無我諸地行相義次第故，大慧！是名觀察義禪。大慧！何者觀真如禪？謂觀察虛妄分別因緣，如實知二種無我，如實分別一切諸法無實體相，爾時不住分別心中得寂靜境界，大慧！是名觀真如禪。大慧？何者觀察如來禪？謂如實入如來地故，入內身聖智相三空三種樂行故，能成辦衆生所作不可思議，大慧！是名觀察如來禪。」

爾時，世尊重說偈言：

凡夫等行禪，觀察義相禪，觀念真如禪，究竟佛淨禪。
譬如日月形，鉢頭摩海相，虛空火盡相，行者如是觀。
如是種種相，墮於外道法，亦墮於聲聞，辟支佛等行。
捨離於一切，則是無所有，時十方刹土，諸佛真如手，
摩彼行者頂，入真如無相。

爾時，聖者大慧菩薩摩訶薩白佛言：「世尊！言涅槃、涅槃者，說何等法名爲涅槃？」

佛告聖者大慧菩薩言：「大慧！言涅槃者，轉滅諸識法體相故，轉諸見熏習故，轉心意阿梨耶識法相熏習，名爲涅槃。大慧！我及諸佛說如是涅槃法體境界空事故。復次，大慧！言涅槃者，謂內身聖智修行境界故，離虛妄分別有無法故。大慧！云何非常？謂離自相、同相分別法故，是故

非常。大慧！云何非斷？謂過去、未來、現在一切聖人內身證得故，是故非斷。大慧！般涅槃者非死非滅。大慧！若般涅槃是死法者，應有生縛故；大慧！若般涅槃是滅法者，應墮有爲法故。是故大慧！般涅槃者非死非滅，如實修行者之所歸依故。復次，大慧！言涅槃者非可取、非可捨，非此處、非彼處、非斷、非常，非一義、非種種義，是故名爲涅槃。復次，大慧！聲聞涅槃者，觀察自相、同相覺諸法故，名聲聞涅槃。大慧！辟支佛涅槃者，不樂憒鬧，見諸境界無常、無樂、無我、無淨，不生顛倒相，是故聲聞、辟支佛非究竟處生涅槃想故。」

「復次，大慧！我爲汝說二法體相，何等爲二？一者執著言說體相，二者執著世事體相。大慧！何者執著言說體相？謂無始來執著言說戲論熏習生故。大慧！何者執著世事體相？謂不如實知，唯是自心見外境界故。」

「復次，大慧！諸菩薩摩訶薩依二種願力住持故，頂禮諸佛如來、應、正徧知問所疑事。大慧！何等二種願力住持？一者依三昧三摩䟦提住持力；二者徧身得樂，謂佛如來手摩其頂授位住持力。大慧！諸菩薩摩訶薩住初地中，承諸如來住持力故，名入菩薩大乘光明三昧。大慧！諸菩薩摩訶薩入大乘光明三昧已，爾時，十方諸佛如來、應、正徧知，與諸菩薩住持力故，現身、口、意。大慧！如金剛藏菩薩摩訶薩，及餘成就如是功德相菩薩摩訶薩。大慧！如是諸菩薩摩訶薩，住初地中三昧三摩跋提力住持故，以百千萬億劫修集善根力故，次第如實知地對治法相，成就菩薩摩訶薩至法雲地，住大寶蓮華王宮殿師子座上坐，同類菩薩摩訶薩眷屬圍繞，寶冠瓔珞莊嚴其身，如閻浮檀金瞻蔔日月光明勝蓮華色。爾時，十方一切諸佛各申其手，遙摩蓮華王座上菩薩摩訶薩頂，如得自在王、帝釋王、轉輪王灌太子頂授位故。大慧！彼授位菩薩及眷屬菩薩摩訶薩，依如來手摩頂故，得徧身樂，是故言手摩菩薩頂住持力。大慧！是名諸菩薩摩訶薩二種住持力。」

「大慧！諸菩薩摩訶薩依此二種住持力故，能觀察一切諸如來身。大慧！若無二種住持力者，則不得見諸佛如來。大慧！若諸菩薩摩訶薩離二種住持力能說法者，愚癡凡夫亦應說法，何以故？謂不以得諸佛住持力故。大慧！依諸如來住持力故，山河、石壁、草木、園林及種種伎樂、城邑、聚落、宮殿、屋宅，皆能出於說法之聲，自然皆出伎樂之音，大慧！何況有心者聾盲、瘖瘂無量衆生離諸苦惱。大慧！諸佛如來住持之力，無量利益安樂衆生。」

大慧菩薩復白佛言：「世尊，世尊！何故諸菩薩摩訶薩入三昧三摩跋提及入諸地時，諸佛如來、應、正徧知作住持力？」佛告大慧：「爲護魔業煩惱散亂心故，爲不墮聲聞禪定地故，爲內身證如來地故，爲增長內身證法故。大慧！是故諸佛如來、應、正徧知爲諸菩薩作住持力。大慧！若諸如來不爲菩薩作住持力者，墮諸外道、聲聞、辟支佛魔事故，不得阿耨多羅三藐三菩提；是故諸佛如來、應、正徧知大慈攝取諸菩薩故。」爾時，世尊重說偈言：

菩薩依自身，本願力清淨，入三昧授位，初地至十地。

諸佛人中尊，神力作住持。

【入楞伽經卷第四】

集一切佛法品第三之三

爾時，聖者大慧菩薩摩訶薩復白佛言：「世尊！如世尊說，十二因緣從因生果，不說自心妄想分別見力而生。世尊！若爾外道亦說從因生果，世尊！外道說言，從於自性、自在天、時微塵等因生一切法。如來亦說依於因緣而生諸法，而不說有自建立法。世尊！外道亦說從於有無而生諸法。世尊說言諸法本無，依因緣生，生已還滅；世尊說從無明緣行乃至於有，依眼識等生一切法。如世尊說，亦有諸法無因而生，何以故？不從因生，一時無前後，以因此法生此法。世尊自說，因虛妄因法生此法，非次第生故。世尊！若爾外道說法勝，而如來不如。何以故？世尊！外道說因無因緣能生果，如來說法因亦依果果亦依因，若爾因緣無因無果？世尊！若爾彼此因果展轉無窮？世尊說言，從此法生彼法，若爾無因生法？」

佛告聖者大慧菩薩摩訶薩言：「大慧！我今當說，因此法生彼法，不同外道所立因果，無因之法亦從因生；我不如是，我說諸法從因緣生，非無因緣亦不雜亂，亦無展轉無窮之過，何以故？以無能取可取法故。大慧！外道不知自心見故，執著能取可取之法，不知不覺惟自心見內外法故。大慧！彼諸外道不知自心內境界故，見有無物，是故外道有如是過，非我過也！我常說言，因緣和合而生諸法，非無因生。」

大慧復言：「世尊！有言語說應有諸法，世尊！若無諸法者應不說言語。世尊！是故依言說應有諸法。」

佛告大慧：「亦有無法而說言語，謂兔角、龜毛、石女兒等，於世間中而有言說。大慧！彼兔角非有非無而說言語。大慧！汝言以有言說應有諸法者，此義已破。大慧！非一切佛國土言語說法，何以故？以諸言語惟是人心分別說故。是故，大慧！有佛國土，直視不瞬、口無言語，名為說法，有佛國土，直爾示相，名為說法，有佛國土，但動眉相，名為說法；有佛國土，惟動眼相，名為說法；有佛國土，笑名說法；有佛國土，欠呿名說法；有佛國土，咳名說法，有佛國土，念名說法；有佛國土，身名說法。大慧！如無瞬世界及衆香世界，於普賢如來、應、正徧知，彼菩薩摩訶薩觀察如來目不暫瞬，得無生法忍，亦得無量勝三昧法。是故，大慧！汝不得言有言語說應有諸法。大慧！如來亦見諸世界中，一切微蟲、蚊、虻、蠅等衆生之類，不說言語共作自事而得成辦。」

爾時，世尊重說偈言：

如虛空兔角，及與石女兒，無而有言說，如是妄分別。
因緣和合法，愚癡分別生，不知如實法，輪迴三有中。

爾時，聖者大慧菩薩摩訶薩復白佛言：「世尊！世尊說常法，依何等法作如是說？」

佛告聖者大慧菩薩言：「大慧！依迷惑法我說爲常。何以故？大慧！聖人亦見世間迷惑法非顚倒心。大慧！譬如陽焰、火輪、毛輪、揵闥婆城、幻夢、水中月、鏡中像，世間非智慧者見有諸像，顚倒見故；有智慧者不生分別，非不見彼迷惑之事。大慧！有智慧者見彼種種迷惑之事不生實心，何以故？離有無法故。」

佛復告聖者大慧菩薩言：「大慧！云何迷惑法離於有無？謂諸愚癡凡夫見有種種境界，如諸餓鬼大海恆河見水不見。大慧！是迷惑法不得言有、不得言無。大慧！餘衆生見彼是水，故不得言無。大慧！迷惑之事亦復如是，以諸聖人離顚倒見故。大慧！言迷惑法常者，以想差別故。大慧！因迷惑法見種種相，而迷惑法不分別異差別，是故，大慧！迷惑法常。大慧！云何迷惑法名之爲實？以諸聖人迷惑法中不生顚倒心，亦不生實心。大慧！而諸聖人見彼迷惑法起少心想，不生聖智事相。大慧！起少想者是謂凡夫，非謂聖人。」

「大慧！分別彼迷惑法顚倒非顚倒者，能生二種性，何等二種？一者能生凡夫性，二者能生聖人性。大慧！彼聖人性者，能生三種差別之性，所謂聲聞、辟支佛、佛國土差別性故。大慧！云何毛道凡夫分別迷惑法，而能生彼聲聞乘性？大慧！所謂執著彼迷惑法自相、同相，能成聲聞乘性，大慧！是名迷惑法能生能成聲聞乘性。大慧！云何愚癡凡夫分別迷惑法，而能生彼辟支佛乘性？大慧！所謂執著彼迷惑法，觀察諸法自相、同相不樂憒鬧，能生辟支佛乘性，大慧！是名迷惑法能生能成辟支佛乘性。大慧！云何智者即分別彼迷惑之法，能生佛乘性？大慧！所謂見彼能見可見惟是自心，而不分別有無法故，大慧！如是觀察迷惑之法，能生能成如來乘性。大慧！如是名爲性義。」

「大慧！何者一切毛道凡夫？即分別彼迷惑之法見種種事，能生世間所有乘性，以觀察諸法如是如是決定不異。是故，大慧！彼迷惑法，愚癡凡夫虛妄分別種種法體。大慧！彼迷惑法非是實事、非不實事。何以故？大慧！聖人觀察彼迷惑法不虛妄分別，是故聖人能轉心意意識身相，離煩惱習故，是故聖人轉彼迷惑法，名爲真如。大慧！此名何等法？大慧！此名真如法，離分別法故。大慧！爲此義故，我重宣說真如法體離分別法，彼真如中無彼虛妄分別法故。」

大慧菩薩復白佛言：「世尊！彼迷惑法爲有爲無？」佛告大慧：「彼迷惑法執著種種相故名有。大慧！彼迷惑法於妄想中若是有者，一切聖人皆應不離執著有無虛妄法故。大慧！如外道說十二因緣，有從因生不從因生，此義亦如是。」大慧言：「世尊！若迷惑法如幻見者，此迷惑法異於迷惑，以迷惑法能生法故。」佛告大慧：「大慧！非迷惑法生煩惱過。大慧！若不分別迷惑法者不生諸過。復次，大慧！一切幻法依於人功、呪術而生，非自心分別煩惱而生。是故，大慧！彼迷惑法不生諸過，惟是愚癡人見迷惑法故。大慧！愚癡凡夫執著虛妄微細之事，而生諸過非謂聖人。」

爾時，世尊重說偈言：

聖不見迷惑，世間亦無實，迷惑即是實，實法次迷惑。

捨離諸迷惑，若有相生者，即彼是迷惑，不淨猶如翳。

「復次，大慧！汝不得言幻是無故，一切諸法亦無如幻。」

大慧言：「世尊！爲執著諸法如幻相故，言諸法如幻；爲執著諸法顛倒相故，言諸法如幻也！世尊！若執著諸法如幻相者，世尊不得言一切法皆如幻相；若執著諸法顛倒相故言如幻者，不得言一切法如幻。何以故？世尊！色有種種因相見故。世尊！無有異因色有諸相可見如幻。是故，世尊！不得說言執著諸法一切如幻。」佛告大慧：「非謂執著種種法相，說言諸法一切如幻。大慧！諸法顛倒速滅如電，故言如幻。大慧！一切諸法譬如電光即見即滅，凡夫不見。大慧！一切諸法亦復如是，以一切法自心分別同相異相，以不能觀察故不如實見，以妄執著色等法故。」

爾時，世尊重說偈言：

非見色等法，說言無幻法，故不違上下，我說一切法。

不見有本性，如幻無生體。

大慧菩薩復白佛言：「世尊！如世尊說諸法不生，復言如幻，將無世尊前後所說自相違耶？以如來說一切諸法不如幻故。」

佛告大慧：「我說一切法不生如幻者，不成前後有相違過。何以故？以諸一切愚癡凡夫不見生法及不生法，不能覺知自心有無、外法有無，何以故？以不能見不生法故。大慧！我如是說諸法前後無有相違。大慧！我遮外道建立因果義不相當，是故我說諸法不生。大慧！一切外道愚癡羣聚作如是說：『從於有無生一切法。』不說自心分別執著因緣而生。大慧！我說諸法有亦不生、無亦不生，是故，大慧！我說諸法不生不滅。大慧！我說一切諸法有者，護諸弟子令知二法，何等爲二？一者攝取諸世間故，二者爲護諸斷見故。何以故？以依業故有種種身攝六道生，是故我說言有諸法攝取世間。」

「大慧！我說一切法如幻者，爲令一切愚癡凡夫畢竟能離自相、同相故，以諸凡夫疑心執著墮於邪見，以不能知但是自心虛妄見故。令離執著因緣生法，是故我說一切諸法如幻如夢無有實體，何以故？若不如是說者，愚癡凡夫執邪見心，欺誑自身及於他身，離如實見一切法故。大慧！云何住如實見？謂入自心見諸法故。」

爾時，世尊重説偈言：

如汝言諸法，一切不生者，是則謗因果，不生如實見。

我説有生法，攝受諸世間，見諸法同幻，不取諸見相。

復次，佛告聖者大慧菩薩言：「大慧！我今爲諸菩薩摩訶薩説名、句、字身相，以諸菩薩善知名、句、字身相故，依名、句、字身相速得阿耨多羅三藐三菩提，得菩提已爲衆生説名、句、字相。」大慧菩薩白佛言：「善哉世尊！惟願速説。」

「大慧！何者名身？謂依何等何等法作名，名身事物，名異義一，大慧！是名我説名身。大慧！何者是句身？謂義事決定究竟見義故，大慧！是名我説句身。大慧！何者是字身？謂文句畢竟故。大慧！復次，名身者，依何等法了別名句？能了知自形相故。大慧！復次，句身者，謂句事畢竟故。大慧！復次，名身者，所謂諸字從名差別，從呵字乃至呵字，名為名身。大慧！復次，字身者，謂聲長短音韻高下，名為字身。大慧！復次，句身者，謂巷路行跡，如人、象、馬諸獸行跡等，得名為句。大慧！復次，名字者，謂無色四陰依名而說。大慧！復次，名字相者，謂能了別名字相故。大慧！是名名、句、字身相。大慧！如是名、句、字相，汝應當學為人演說。」

爾時，世尊重說偈言：

名身與句身，及字身差別，凡夫癡計著，如象溺深泥。

「復次大慧！未來世中無智慧者，以邪見心，不知如實法故，因世間論自言智者。有智者問如實之法，離邪見相、一異、俱不俱，而彼愚人作如是言：『是問非是、非正念問，謂色等法常無常為一為異，如是涅槃有為諸行為一為異，相中所有能見所見為一為異，作者所作為一為異，四大中色、香、味、觸為一為異，能見所見為一為異，泥團微塵為一為異，智者所知爲一爲異，如是等上上次第相，上上無記置答。佛如是說是謂謗我。』大慧！而我不說如是法者，爲遮外道邪見說故。何以故？大慧！外道等說謂身即命、身異命異，如是等法外道所說是無記法。大慧！外道迷於因果義故，是故無記，非我法中名無記也！大慧！我佛法中離能見可見虛妄之想無分別心，是故我法中無有置答。諸外道等執著可取、能取，不知但是自心見法，爲彼人故，我說言有四種問法，無記置答非我法中。大慧！諸佛如來、應，正徧知，爲諸衆生有四種說言置答者，大慧！爲待時故說如是法，爲根未熟非爲根熟，是故我說置答之義。」

「復次，大慧！一切諸法若離作者及因不生，以無作者故，是故我說諸法不生。」

佛告大慧：「一切諸法無有體相。」大慧白佛言：「世尊！何故一切諸法無實體相？」佛告大慧：「自智觀察一切諸法自相、同相不見諸法，是故我說一切諸法無實體相。」

佛告大慧：「一切諸法亦無取相。」大慧言：「世尊！以何義故一切諸法亦無取相？」佛告大慧：「自相、同相無法可取，是故我說無法可取。」

佛告大慧：「一切諸法亦無捨相。」大慧言：「世尊！何故諸法亦無捨相？」佛告大慧：「觀察自相、同相法，無法可捨，是故我說一切諸法亦無捨相。」

佛告大慧：「諸法不滅。」大慧言：「世尊！何故一切諸法不滅？」佛告大慧：「觀一切法自相、同相無體相故，是故我說諸法不滅。」

佛告大慧：「諸法無常。」大慧言：「世尊！何故一切諸法無常？」佛告大慧：「一切諸法常無常想、常不生相，是故我說諸法無常。復次，大慧！我說一切諸法無常。」大慧言：「世尊！何故一切諸法無常？」佛告大慧：「以相不生，以不生體相，是故常無常，是故我說諸法無常。」

爾時，世尊重說偈言：

記論有四種，直答及質答，分別答置答，以制諸外道。

有及非有生，僧佉毗世師，而說悉無記，彼作如是說；
正智慧觀察，自性不可得，是故不可說，及說無體相。

爾時，聖者大慧菩薩摩訶薩白佛言：「世尊！惟願世尊爲我等說須陀洹等行差別相，我及一切菩薩摩訶薩等，善知須陀洹等修行相已，如實知須陀洹、斯陀含、阿那含、阿羅漢等，如是如是爲衆生說；衆生聞已入二無我相，淨二種障，次第進取地地勝相，得如來不可思議境界修行；得修行處已，如如意寶隨衆生念，受用境界身、口、意行故。」佛告大慧言：「善哉，善哉！善哉大慧！諦聽，諦聽！今爲汝說。」大慧白佛言：「善哉世尊！唯然聽受。」

佛告大慧言：「大慧！須陀洹有三種果差別。」大慧言：「何等三種？」佛告大慧：「謂下、中、上。大慧！何者須陀洹下，謂三有中七返受生。大慧！何者爲中，謂三生五生入於涅槃。大慧！何者爲上，謂即一生入於涅槃。」

「大慧！是三種須陀洹有三種結，謂下、中、上。大慧！何者三結？謂身見、疑、戒取。大慧！彼三種結，上上勝進得阿羅漢果。大慧！身見有二種，何等爲二？一者俱生，二者虛妄分別而生，如因緣分別法故。大慧！譬如依諸因緣法相虛妄分別而生實相，彼因緣法中非有非無，以分別有無非實相故；愚癡凡夫執著種種法相，如諸禽獸見於陽焰取以爲水。大慧！是名須陀洹分別身見，何以故？以無智故，無始世來虛妄取相故。大慧！此身見垢，見人無我，乃能遠離。大慧！何者須陀洹俱生身見，所謂自身、他身俱見，彼二四陰無色，色陰生時，依於四大及四塵等，彼此因緣和合生色，而須陀洹知已能離有無邪見斷於身見，斷身見已不生貪心。大慧！是名須陀洹身見之相。」

「大慧！何者須陀洹疑相？謂得證法善見相已，先斷身見及於二見分別之心，是故於諸法中不生疑心，復不生心，於餘尊者，以爲尊相爲淨不淨故。大慧！是名須陀洹疑相。大慧！何者須陀洹戒取相？謂善見受生處苦相故，是故不取戒相。大慧！戒取者，謂諸凡夫持戒精進，種種善行求樂境界生諸天中，彼須陀洹不取是相，而取自身內證，迴向進趣勝處，離諸妄想修無漏戒分。大慧！是名須陀洹戒取相。大慧！須陀洹斷三結煩惱離貪、瞋、癡。」

大慧白佛言：「世尊！世尊說衆多貪，須陀洹離何等貪？」

佛告大慧：「須陀洹遠離與諸女人和合，不為現在樂種未來苦因，遠離打擲嗚抱眄視。大慧！須陀洹不生如是貪心，何以故？以得三昧樂行故。大慧！須陀洹遠離如是等貪，非離涅槃貪。大慧！何者斯陀含果相？謂一往見色相現前生心，非虛妄分別想見，以善見禪修行相故，一往來世間便斷苦盡，入於涅槃，是名斯陀含。大慧！何者阿那含相？謂於過去、現在、未來色相中生有無心，以見使虛妄分別心，諸結不生不來，故名阿那含。大慧！何者阿羅漢相？謂不生分別思惟、可思惟，三昧解脫力通煩惱苦等分別心，故名阿羅漢。」

大慧菩薩白佛言：「世尊！說三種阿羅漢，此說何等羅漢名阿羅漢？世尊為說得決定寂滅羅漢？為發菩提願善根忘善根羅漢？為化應化羅漢？」

佛告大慧：「爲說得決定寂滅聲聞羅漢非餘羅漢。大慧！餘羅漢者，謂曾修行菩薩行者，復有應化佛所化羅漢，本願善根方便力故，現諸佛土生大衆中莊嚴諸佛大會衆故。大慧！分別去來說種種事，遠離證果能思惟、所思惟、可思惟故，以見自心爲見、所見，說得果相。復次，大慧！若須陀洹生如是心，此是三結，我離三結者。大慧！是名見三法墮於身見。彼若如是不離三結。大慧！是故須陀洹不生如是心。復次，大慧！若欲遠離禪無量無色界者，應當遠離自心見相、遠離少相，寂滅定三摩跋提相故。大慧！若不如是，彼菩薩心見諸法以惟心故。」

爾時，世尊重說偈言：

諸禪四無量，無色三摩提，少相寂滅定，一切心中無。
逆流修無漏，及於一往來，往來及不還，羅漢心迷沒。
思可思能思，遠離見真諦，惟是虛妄心，能知得解脫。

「復次，大慧！有二種智，何等爲二？一者觀察智，二者虛妄分別取相住智。大慧！何者觀察智？謂何等智觀察一切諸法體相，離於四法無法可得，是名觀察智。大慧！何者四法？謂一異、俱不俱，是名四法。大慧！若離四法，一切法不可得。大慧！若欲觀察一切法者，當依四法而觀諸法。大慧！妄想分別取相住智者，所謂執著堅、熱、濕、動，虛妄分別四大相故，執著建立、因、譬喻相故，建立非實法以爲實。大慧！是名虛妄分別執著取相住持智。大慧！是名二種智相。大慧！諸菩薩摩訶薩畢竟知此二相，進趣法無我相，善知真實智地行相，知已即得初地得百三昧，依三昧力見百佛、見百菩薩，能知過去、未來各百劫事，照百佛世界；照百佛世界已，善知諸地上上智相，以本願力故，能奮迅示現種種神通。於法雲地中依法雨授位，證如來內究竟法身智慧地；依十無盡善根願轉，爲教化衆生種種應化，自身示現種種光明，以得自身修行證智三昧樂故。」

「復次，大慧！菩薩摩訶薩應善知四大及四塵相。大慧！云何菩薩善知四大及四塵相？大慧！菩薩摩訶薩應如是修行，所言實者謂無四大處，觀察四大本來不生，如是觀已，復作是念：『言觀察者惟自心見虛妄覺知，以見外塵無有實物，惟是名字分別心見，所謂三界離於四大及四塵相。』見如是已，離四種見，見清淨法離我、我所，住於自相如實法中。大慧！住自相如實法中者，謂住建立諸法無生自相法中。大慧！於四大中云何有四塵？大慧！妄想分別柔、軟、濕、潤，生內外水大。大慧！妄想分別煖、增、長、力，生內外火大。大慧！妄想分別輕、轉、動相，生內外風大，大慧！妄想分別所有堅相，生內外地大。大慧！妄想分別內外共虛空生內外想，以執著虛妄內外邪見，五陰聚落四大及四塵生故。」

佛告大慧：「識能執著種種境界樂求異道，取彼境界故。大慧！四大有四？謂色、香、味、觸。大慧！四大無因，何以故？謂地自體形相長短不生四大相故。大慧！依形相、大小、上下、容貌而生諸法，不離形相、小大、長短而有法故。是故，大慧！外道虛妄分別四大及四塵，非我法中如此分別。」

「復次，大慧！我爲汝說五陰體相。大慧！何者五陰相？謂色、受、想、行、識。大慧！四陰無色相，謂受、想、行、識。大慧！色依四大生，四大彼此不同相。大慧！無色相法同如虛空，云何得成四種數相？大慧！譬如虛空離於數相，而虛妄分別此是虛空。大慧！陰之數相離於諸相、離有無相、離於四相，愚癡凡夫說諸數相非謂聖人。大慧！我說諸相如幻，種種形相離一二相依假名說，如夢鏡像不離所依。大慧！如聖人智修行分別，見五陰虛妄。大慧！是名五陰無五陰體相。大慧！汝今應離如是虛妄分別之相，離如是已，爲諸菩薩說離諸法相寂靜之法，爲遮外道諸見之相。」

「大慧！說寂靜法得證清淨無我之相入遠行地，入遠行地已得無量三昧自在如意生身故，以得諸法如幻三昧故，以得自在神通力修行進趣故，隨一切衆生自在用如大地故。大慧！譬如大地，一切衆生隨意而用。大慧！菩薩摩訶薩隨衆生用亦復如是。復次，大慧！外道說有四種涅槃，何等爲四？一者自體相涅槃，二者種種相有無涅槃，三者自覺體有無涅槃，四者諸陰自相、同相、斷相續體涅槃。大慧！是名外道四種涅槃，非我所說。大慧！我所說者，見虛妄境界分別識滅名爲涅槃。」

大慧白佛言：「世尊！世尊可不說八種識耶。」佛告大慧：「我說八種識。」大慧言：「若世尊說八種識者，何故但言意識轉滅，不言七識轉滅？」佛告大慧：「以依彼念觀有，故轉識滅，七識亦滅。復次，大慧！意識執著取境界生，生已種種熏習增長阿梨耶識，共意識故，離我、我所相，著虛妄空而生分別。大慧！彼二種識無差別相，以依阿梨耶識，因觀自心見境，妄想執著生種種心，猶如束竹迭共爲因，如大海波以自心見境界風吹而有生滅。是故，大慧！意識轉滅，七種識轉滅。」

爾時，世尊重說偈言：

我不取涅槃，亦不捨作相，轉滅虛妄心，故言得涅槃。
依彼因及念，意趣諸境界，識與心作因，爲識之所依。
如水流枯竭，波浪則不起，如是意識滅，種種識不生。

「復次，大慧！我爲汝說虛妄分別法體差別之相，汝及諸菩薩摩訶薩善分別知虛妄法體差別之相，離分別、所分別法，善知自身內修行法，遠離外道能取、可取境界，遠離種種虛妄分別因緣法體相，遠離已，不復分別虛妄之相。大慧！何者虛妄分別法體差別之相？大慧！虛妄分別自體差別相有十二種，何等爲十二？一者言語分別，二者可知分別，三者相分別，四者義分別，五者實體分別，六者因分別，七者見分別，八者建立分別，九者生分別，十者不生分別，十一者和合分別，十二者縛不縛分別。大慧！是名分別自體相差別法相。」

「大慧！言語分別者，謂樂著種種言語美妙音聲。大慧！是名言語分別。大慧！可知分別者，謂作是思惟應有前法實事之相，聖人修行知依彼法而生言語，如是分別。大慧！是名可知分別。大慧！相分別者，謂即彼可知境界中，熱、濕、動、堅種種相執以爲實，如空陽焰諸禽獸見生於水想。大慧！是名相分別。大慧！義分別者，謂樂金、銀等種種實境界。大慧！是名義分別。大慧！自體分別者，謂專念有法自體形相，此法如是如是不異，非正見見分別。大慧！是名自體分別。大慧！因分別者，謂何等何等因，何等何等緣，有無了別因，相生了別想。大慧！是名因分別。大慧！見分別者，謂有無、一異、俱不俱，邪見外道執著分別。大慧！是名見分別。大慧！建立分別者，謂取我、我所相說虛妄法。大慧！是名建立分別。大慧！生分別者，謂依衆緣有無法中生執著心。大慧！是名生分別。大慧！不生分別者，謂一切法本來不生，以本無故，依因緣有而無因果。大慧！是名不生分別。大慧！和合分別者，謂何等何等法和合，如金縷共何等何等法和合，如金縷和合。大慧！是名和合分別。大慧！縛不縛分別者，謂縛因執著如所縛，大慧！如人方便結繩作結，結已還解。大慧！是名縛不縛分別。大慧！是名虛妄分別法體差別之相，以此虛妄分別法體差別之相，一切凡夫執著有無故，執著法相種種因緣。」

「是故，大慧！分別法體差別之相，見種種法執著爲實，如依於幻見種種事，凡夫分別知異於幻有如是法。大慧！我於種種法中不異幻說，亦非不異。何以故？若幻異於種種法者，不應因幻而生種種，若幻即是種種法者，不應異見此是幻此是種種而見差別，是故我說不異非不異。是故，大慧！汝及諸菩薩摩訶薩莫分別幻有實無實。」

爾時，世尊重說偈言：

心依境界縛，知覺隨境生，於寂靜勝處，生平等智慧。
妄想分別有，於緣法則無，取虛妄迷亂，不知他力生。
種種緣生法，即是幻不實，彼有種種想，妄分別不成。
彼想則是過，皆從心縛生，愚癡人無智，分別因緣法。
此諸妄想體，即是緣起法，妄想有種種，衆緣中分別。
世諦第一義，第三無因生，妄想說世諦，斷則聖境界。
譬如修行者，一事見種種，彼法無種種，分別相如是。
如目種種翳，妄想見衆色。翳無色非色，無智取法爾。
如真金離垢，如水離泥濁，如虛空離雲，真法淨亦爾。
無有妄想法，因緣法亦無，取有及謗無，分別觀者見。

妄想若無實，因緣法若實，離因應生法，實法生實法。
因虛妄名法，見諸因緣生，想名不相離，如是生虛妄。
虛妄本無實，則度諸妄想，然後知清淨，是名第一義。
妄想有十二，緣法有六種，內身證境界，彼無有差別。
五法爲真實，及三種亦爾，修行者行此，不離於真如。
衆想及因緣，名分別彼法，彼諸妄想相，從彼因緣生。
真實智善觀，無緣無妄想，第一義無物，云何智分別？
若真實有法，遠離於有無，若離於有無，云何有二法？
分別二法體，二種法體有，虛妄見種種，清淨聖境界。
見妄想種種，因緣中分別，若異分別者，則墮於外道。
妄想說妄想，因見和合生，離二種妄想，即是真實法。

爾時，大慧菩薩摩訶薩復白佛言：「世尊！惟願爲說自身內證聖智修行相及一乘法，不由於他，遊行一切諸佛國土通達佛法。」佛告聖者大慧菩薩言：「善哉，善哉！善哉大慧！諦聽，諦聽！當爲汝說。」大慧言：「善哉！世尊！唯然受教。」佛告大慧：「菩薩摩訶薩離阿含名字法，諸論師所說分別法相，在寂靜處獨坐思惟，自內智慧觀察諸法不隨他教，離種種見虛妄之相，當勤修行入如來地上上證智。大慧！是名自身內證聖智修行之相。大慧！更有三界中修一乘相。大慧！何者一乘相？大慧！如實覺知一乘道故，我說名一乘。大慧！何者如實覺知一乘道相？謂不分別可取、能取境界，不生如是諸法相住，以不分別一切諸法故。大慧！是名如實覺知一乘道相。大慧！如是覺知一乘道相，一切外道、聲聞、辟支佛、梵天等未曾得知，惟除於我。大慧！故我說名一乘道相。」

大慧白佛言：「世尊！世尊何因說於三乘，不說一乘？」

佛告大慧：「聲聞、緣覺不能自知證於涅槃，是故我說惟一乘道。大慧！以一切聲聞、辟支佛，隨受佛教厭離世間，自不能得解脫，是故我說惟一乘道。復次，大慧！一切聲聞、辟支佛，不離智障，不離業煩惱習氣障故，是故我說惟一乘道。大慧！聲聞、辟支佛未證法無我，未得離不可思議變易生，是故我爲諸聲聞故說一乘道。大慧！聲聞、辟支佛若離一切諸過熏習，得證法無我，爾時離於諸過，三昧無漏，醉法覺已，修行出世間無漏界中一切功德，修行已得不可思議自在法身。」

爾時，世尊重說偈言：

天乘及梵乘，聲聞緣覺乘，諸佛如來乘，我說此諸佛。
以心有生滅，諸乘非究竟，若彼心滅盡，無乘及乘者。
無有乘差別，我說爲一乘，引導衆生故，分別說諸乘。
解脫有三種，及二法無我，不離二種障，遠離真解脫。
譬如海浮木，常隨波浪轉，諸聲聞亦然，相風所漂蕩。
離諸隨煩惱，熏習煩惱縛，味著三昧樂，安住無漏界。
無有究竟趣，亦復不退還，得諸三昧身，無量劫不覺。
譬如惛醉人，酒消然後悟，得佛無上體，是我真法身。

【入楞伽經卷第五】

佛心品第四

爾時，佛告聖者大慧菩薩言：「大慧！我今爲汝說意生身修行差別。大慧！諦聽，諦聽！當爲汝說。」

大慧白佛言：「善哉！世尊！唯然受教。」

佛告大慧：「有三種意生身，何等爲三？一者得三昧樂三摩跋提意生身，二者如實覺知諸法相意生身，三者種類生無作行意生身。菩薩從於初地如實修行，得上上地證智之相。大慧！何者菩薩摩訶薩得三昧樂三摩跋提意生身？是謂第三、第四、第五地中，自心寂靜行種種行，大海心波轉識之相三摩跋提樂，名意識生，以見自心境界故，如實知有無相。大慧！是名意生身相。大慧！何者如實覺知諸法相意生身？謂菩薩摩訶薩於八地中觀察覺了，得諸法無相，如幻等法悉無所有，身心轉變得如幻三昧及餘無量三摩跋提樂門，無量相力自在神通，妙華莊嚴迅疾如意，猶如幻夢、水中月、鏡中像，非四大生似四大相具足身分，一切修行得如意自在，隨入諸佛國土大衆。大慧！是名如實覺知諸法相意生身。大慧！何者種類生無作行意生身？謂自身內證一切諸法，如實樂相法相樂故。大慧！是名種類生無作行意生身，大慧！汝當於彼三種身相觀察了知。」

爾時，世尊重說偈言：

我乘非大乘，非說亦非字，非諦非解脫，非無有境界。
然乘摩訶衍，三摩提自在，種種意生身，自在華莊嚴。

爾時，聖者大慧菩薩復白佛言：「世尊！如世尊說善男子、善女人行五無間業。世尊！何等是五無間業？而善男子、善女人行五無間入於無間。」佛告聖者大慧菩薩言：「善哉，善哉！善哉大慧！諦聽，諦聽！當爲汝說。」大慧白佛言：「善哉！世尊！唯然受教。」

佛告大慧：「五無間者，一者殺母，二者殺父，三者殺阿羅漢，四者破和合僧，五者惡心出佛身血。大慧！何者衆生母？謂更受後生，貪喜俱生，如緣母立，大慧！何者爲父？謂無明爲父，生六入聚落。大慧！斷彼二種能生根本，名殺父母。大慧！何者殺阿羅漢，謂諸使如鼠毒發，拔諸使怨恨本不生，大慧！是名殺阿羅漢。大慧！何者破和合僧？謂五陰異相和合積聚，究竟斷破，名爲破僧。大慧！何者惡心出佛身血？謂自相、同相見外自心相八種識身，依無漏三解脫門，究竟斷八種識佛，名爲惡心出佛身血。大慧！是名内身五種無間，若善男子、善女人行此無間，得名無間者，無間者名證如實法故。」

「復次，大慧！我爲汝等說外五種無間之相，諸菩薩聞是義已，於未來世不生疑心。大慧！何者是外五種無間？謂殺父、母、羅漢、破和合僧、出佛身血，行此無間者，於彼三種解脫門中，不能得證一一解脫，除依如來力，住持應化聲聞、菩薩、如來神力，爲五種罪人懺悔疑心，斷此疑心令生善根，爲彼罪人作應化說。大慧！若犯五種無間罪者，畢竟不得證入道分，除見自心惟是虛妄，離身資生所依住處分別見我、我所相，於無量無邊劫中遇善知識，於異道身離於自心虛妄見過。」

爾時，世尊重說偈言：

貪愛名爲母，無明則爲父，了境識爲佛，諸使爲羅漢。
陰聚名爲僧，無間斷相續，更無有業間，得真如無間。

爾時，聖者大慧菩薩復白佛言：「世尊！惟願爲我說諸如來知覺之相。」佛告聖者大慧菩薩摩訶薩言：「大慧！如實知人無我、法無我，如實能知二種障故，遠離二種煩惱。大慧！是名如來如實知覺。大慧！聲聞、辟支佛得此法者，亦名爲佛。大慧！是因緣故，我說一乘。」

爾時，世尊重說偈言：

善知二無我，二障二煩惱，得不思議變，是名佛知覺。

爾時，聖者大慧菩薩復白佛言：「世尊！世尊何故於大衆中說如是言：『我是過去一切佛及說種種本生經。我於爾時作頂生王、六牙大象、鸚鵡鳥、毗耶娑仙人、帝釋王、善眼菩薩，如是等百千經皆說本生。』」

佛告聖者大慧菩薩摩訶薩言：「大慧！依四種平等，如來、應、正徧知於大衆中唱如是言：『我於爾時作拘留孫佛、拘那含牟尼佛、迦葉佛。』何等爲四？一者字平等，二者語平等，三者法平等，四者身平等。大慧！依此四種平等法故，諸佛如來在於衆中說如是言。大慧！何者字平等？謂何等字過去佛名佛，我同彼字亦名爲佛，不過彼字與彼字等無異無別。大慧！是名字平等。大慧！何者諸佛語平等？謂過去佛有六十四種美妙梵聲言語說法，我亦六十四種微妙梵聲言語說法。大慧！未來諸佛亦以六十四種微妙梵聲言語說法，不增不減，不異無差別，迦陵頻伽梵聲美妙。大慧！是名諸佛語平等。大慧！何者諸佛身平等？大慧！我及諸佛法身、色身相好莊嚴，無異無差別，除依可度衆生，彼彼衆生種種生處，諸佛如來現種種身。大慧！是名諸佛身平等。大慧！云何諸佛法平等？謂彼佛及我，得三十七菩提分法、十力、四無畏等。大慧！是名諸佛法平等。大慧！依此四種平等法故，如來於大衆中作如是說：『我是過去頂生王等。』」

爾時，世尊重說偈言：

迦葉拘留孫，拘那含是我，說諸佛子等，依四平等故。

大慧菩薩復白佛言：「世尊！如來說言：『我何等夜證大菩提？何等夜入般涅槃？我於中間不說一字，佛言非言。』世尊依何等義說如是語：『佛語非語。』」

佛告大慧言：「大慧！如來依二種法說如是言，何者爲二？我說如是，一者依自身內證法，二者依本住法。我依此二法作如是言。大慧！云何依自身內證法？謂彼過去諸佛如來所證得法，我亦如是證得不增不減，自身內證諸境界行，離言語分別相離二種字故。大慧！何者本住法？大慧！謂本行路平坦，譬如金、銀、真珠等寶在於彼處。大慧！是名法性本住處。大慧！諸佛如來出世、不出世、法性、法界、法住、法相、法證常住如城本道。大慧！譬如有人行曠野中，見向本城平坦正道隨即入城，入彼城已，受種種樂、作種種業。大慧！於意云何？彼人始作是道隨入城耶？始作種種諸莊嚴耶？」

大慧白佛：「不也！世尊！」

「大慧！我及過去一切諸佛，法性、法界、法住、法相、法證常住，亦復如是。大慧！我依此義於大眾中作如是說：『我何等夜得大菩提，何等夜入般涅槃，此二中間不說一字，亦不已說、當說、現說。』」

爾時，世尊重說偈言：

我何夜成道，何等夜涅槃，於此二中間，我都無所說。
內身證法性，我依如是說，十方佛及我，諸法無差別。

爾時，聖者大慧菩薩復請佛言：「惟願世尊說一切法有無相，令我及餘菩薩大衆，得聞是已離有無相，疾得阿耨多羅三藐三菩提。」佛告聖者大慧菩薩言：「善哉，善哉！善哉大慧！諦聽，諦聽！當爲汝說。」大慧白佛言：「善哉！世尊！唯然受教。」

佛告大慧：「世間人多墮於二見，何等二見？一者見有，二者見無。以見有諸法、見無諸法故，非究竟法，生究竟想。大慧！云何世間墮於有見？謂實有因緣而生諸法非不實有，實有法生非無法生，大慧！世間人如是說者，是名爲說無因無緣，及謗世間無因無緣而生諸法。大慧！世間人云何墮於無見？謂說言貪、瞋、癡，實有貪、瞋、癡，而復說言無貪、瞋、癡。分別有無。大慧！若復有人作如是言：『無有諸法，以不見諸物相故。』大慧！若復有人作如是言：『聲聞、辟支佛無貪、無瞋、無癡。』復言：『先有。』此二人者，何等人勝？何等人不如。」

大慧菩薩言：「若人言先有貪、瞋、癡，後時無，此人不如。」佛告大慧：「善哉，善哉！善哉大慧！汝解我問。大慧！非但言先實有貪、瞋、癡，後時言無，同衞世師等，是故不如。大慧！非但不如，滅一切聲聞、辟支佛法，何以故？大慧！以實無内外諸法故，以非一非異故，以諸煩惱非一非異故。大慧！貪、瞋、癡法内身不可得，外法中亦不可得，無實體故，故我不許。大慧！我不許者，不許有貪、瞋、癡，是故彼人滅聲聞、辟支佛法。何以故？諸佛如來知寂靜法，聲聞、緣覺不見法故，以無能縛所縛因故。大慧！若有能縛必有所縛，若有所縛必有能縛因。大慧！如是説者名滅諸法。大慧！是名無法相。大慧！我依此義餘經中說，寧起我見如須彌山而起憍慢，不言諸法是空無也！大慧！增上慢人言諸法無者，是滅諸法，墮自相、同相見故，以見自心見法故，以見外物無常故，諸相展轉彼彼差別故，以見陰界入相續體，彼彼因展轉而生，以自心虛妄分別。是故大慧！如此人者滅諸佛法。」

爾時，世尊重說偈言：

有無是二邊，以爲心境界，離諸境界法，平等心寂靜。

無取境界法，滅非有非無，如真如本有，彼是聖境界。
本無而有生，生已還復滅，非有非無生，彼不住我教。
非外道非佛，非我亦非餘，從因緣不成，云何得言有？
若因緣不生，云何而言無？邪見論生法，妄想計有無。
若知無所生，亦知無所滅，觀世悉空寂，彼不墮有無。

爾時，聖者大慧菩薩復白佛言：「世尊！惟願如來、應、正徧知、天人師，爲我及諸一切菩薩建立修行正法之相，我及一切菩薩摩訶薩善知修行正法相已，速得成就阿耨多羅三藐三菩提，不隨一切虛妄覺觀魔事故。」佛告大慧菩薩言：「善哉，善哉！善哉大慧！諦聽，諦聽！我爲汝說。」大慧言：「善哉！世尊！唯然受教。」

佛告大慧言：「大慧！有二種法，諸佛如來、菩薩、聲聞、辟支佛建立修行正法之相，何等爲二？一者建立正法相，二者說建立正法相。大慧！何者建立正法相？謂自身內證諸勝法相，離文字語言章句，能取無漏正戒諸證地修行相法，離諸外道虛妄、覺觀諸魔境界、降伏一切外道諸魔、顯示自身內證之法，如實修行，大慧！是名建立正法之相。大慧！何者建立說法之相？謂說九部種種教法，離於一異有無取相，先說善巧方便，爲令衆生入所樂處，謂隨衆生信彼彼法，說彼彼法。大慧！是名建立說法相。大慧！汝及諸菩薩應當修學如是正法。」

爾時，世尊重說偈言：

建立內證法，及說法相名，若能善分別，不隨他教相。
實無外諸法，如凡夫分別，若諸法虛妄，何故取解脫？
觀察諸有爲，生滅等相縛，增長於二見，不能知因緣。
涅槃離於識，唯此一法實，觀世間虛妄，如幻夢芭蕉。
雖有貪瞋癡，而無有作者，從愛生諸陰，有皆如幻夢。

爾時，聖者大慧菩薩復請佛言：「世尊！惟願如來、應、正徧知爲諸菩薩說不實妄想，何等法中不實妄想？」佛告大慧菩薩言：「善哉，善哉！善哉大慧！汝爲安隱一切衆生，饒益一切衆生，安樂一切衆生，哀愍一切世間天人，請我此事。大慧！諦聽，諦聽！當爲汝說。」大慧言：「善哉！世尊！唯然受教。」

佛告大慧：「一切衆生執著不實虛妄想者，從見種種虛妄法生，以著虛妄能取、可取諸境界故，入自心見生虛妄想故，墮於有無二見朋黨非法聚中，增長成就外道虛妄異見熏習故。大慧！以取外諸戲論義故，起於虛妄心、心數法，猶如草束分別我、我所法。大慧！以是義故生不實妄想。」

大慧白佛言：「世尊！若諸衆生執著不實虛妄想者，從見種種虛妄法生，執著虛妄能取、可取一切境界，入自心見生虛妄想，墮於有無二見朋黨分別聚中，增長成就外道虛妄異見熏習，以取外諸戲論之義不實妄想，起於虛妄心、心數法、猶如草束取我、我所者。世尊！如彼彼依外種種境界、種種相，墮有墮無朋黨相中，離有無見相。世尊！第一義諦亦應如是，遠離阿含聖所說法，遠離諸根，遠離建立三種之法譬喻因相。世尊！

云何一處種種分別執著，種種虛妄想生？何故不著第一義諦，虛妄分別而生分別？世尊！世尊如是說法，非平等說，無因而說，何以故？一處生一處不生故，若世尊如是說者墮二朋黨，以見執著虛妄分別而生分別；以世尊說如世幻師，依種種因緣生種種色像；以世尊自心虛妄分別；以世尊言種種虛妄，若有若無不可言說爲離分別。如是如來墮世間論，入邪見心朋黨聚中。」

佛告大慧：「我分別虛妄不生、不滅，何以故？不生有無分別相故，不見一切外有無故。大慧！以見自心如實見故，虛妄分別不生、不滅。大慧！我此所說，惟爲愚癡凡夫而說自心分別，分別種種隨先心生，分別種種有相執著。何以故？若不說者，愚癡凡夫不離自心虛妄覺知，不離執著我、我所見、不離因果諸因緣過。如實覺知二種心故，善知一切諸地行相，善知諸佛自身所行內證境界，轉五法體見分別相入如來地；大慧！因是事故。我說一切諸衆生等，執著不實虛妄生心，自心分別種種諸義，以是義故，一切衆生知如實義而得解脫。」

爾時，世尊重說偈言：

諸因及與緣，從此生世間，妄想著四句，彼不知我說。
世有無不生，離有無不生，云何愚分別？依因緣生法。
若能見世間，有無非有無，轉於虛妄心，得真無我法。
諸法本不生，故依因緣生，諸緣即是果，從果不生有。
從果不生果，若爾有二果，若有二果者，果中果難得。
離念及所念，觀諸有爲法，見諸唯心法，故我說唯心。
量體及形相，離緣及諸法，究竟有真淨，我說如是量。
假名世諦我，彼則無實事，諸陰陰假名，假名非實法。
有四種平等，相因生無我，如是四平等，是修行者法。
轉一切諸見，離分別分別，不見及不生，故我說唯心。
非有非無法，離有無諸法，如是離心法，故我說唯心。
真如空實際，涅槃及法界，意身身心等，故我說唯心。

分別依熏縛，心依諸境生，衆生見外境，故我說唯心。
可見外法無，心盡見如是，身資生住處，故我說唯心。

爾時，聖者大慧菩薩復白佛言：「世尊！如來說言：『如我所說，汝及諸菩薩莫著音聲言語之義。』世尊！云何菩薩不著言語之義？世尊！何者為言語？何者為義？」佛告聖者大慧菩薩言：「善哉，善哉！善哉大慧！當為汝說。」大慧言：「善哉！世尊！唯然受教。」

佛告大慧：「何者為聲？謂依無始熏習言語名字和合分別，因於喉、鼻、齒、頰、脣、舌和合動轉，出彼言語分別諸法，是名為聲。大慧！何者為義？菩薩摩訶薩依聞思修聖智慧力，於空閑處獨坐思惟。云何涅槃趣涅槃道？觀察內身修行境界，地地處處修行勝相，轉彼無始熏習之因，大慧！是名菩薩善解義相。復次，大慧！云何菩薩摩訶薩善解言語義？大慧！菩薩見言語聲義不一不異，見義言語聲不一不異。大慧！若言語離於義者，不應因彼言語聲故而有於義，而義依彼言語了別。大慧！如依於燈了別衆色。大慧！譬如有人然燈觀察種種珍寶，此處如是如是，彼處如是如是。大慧！菩薩依言語聲證離言語，入自內身修行義故。復次，大慧！一切諸法不生不滅，自性本來入於涅槃，三乘、一乘、五法心、諸法體等，同言語聲義，依衆緣取相，墮有無見諦於諸法見諸法體各住異相、分別異相，如是分別已，見種種法相如幻，見種種分別。大慧！譬如幻種種異異分別，非謂聖人是凡夫見。」

爾時，世尊重說偈言：

分別言語聲，建立於諸法，以彼建立故，故墮於惡道。
五陰中無我，我中無五陰，不如彼妄相，亦復非是無。
凡夫妄分別，見諸法實有，若如彼所見，一切應見真。
一切法若無，染淨亦應無，彼見無如是，亦非無所有。

「復次，大慧！我今爲汝說智識相，汝及諸菩薩摩訶薩應善知彼智識之相，如實修行智識相故，疾得阿耨多羅三藐三菩提。大慧！有三種智，何等爲三？一者世間智，二者出世間智，三者出世間上上智。大慧！識者生滅相，智者不生滅相。復次，大慧！識者墮於有相、無相，墮彼有無種種相因。大慧！智相者遠離有相、無相、有無因相，名爲智相。復次，大慧！集諸法者名爲識相，不集諸法者名爲智相，大慧！智有三種，何等爲三？一者觀察自相、同相，二者觀察生相、滅相，三者觀察不生、不滅相。何者世間智？謂外道凡夫人等，執著一切諸法有無，是名世間智相。大慧！何者出世間智？謂諸一切聲聞、緣覺，虛妄分別自相、同相，是名出世間智。大慧！何者出世間上上智？謂佛如來、菩薩摩訶薩，觀察一切諸法寂靜不生不滅，得如來地無我證法，離彼有無朋黨二見。復次，大慧！所言智者無障礙相，識者識彼諸境界相。復次，大慧！識者和合起作、所作名爲識相，無礙法相應名爲智相。復次，大慧！無所得相名之爲智，以自內身證得聖智修行境界故。出入諸法如水中月，是名智相。」

爾時，世尊重說偈言：

識能集諸業，智能了分別，慧能得無相，及妙莊嚴境。
識爲境界縛，智能了諸境，無相及勝境，是慧所住處。
心意及意識，遠離於諸相，聲聞分別法，非是諸弟子。
寂靜勝進忍，如來清淨智，生於善勝智，遠離諸所行。
我有三種慧，依彼得聖名，於彼想分別，能聞於有無。
離於二乘行，慧離於境界，取於有無想，從諸聲聞生。
唯入如是心，智慧無垢相。

「復次，大慧！諸外道有九種轉變見。何等爲九？一者形相轉變，二者相轉變，三者因轉變，四者相應轉變，五者見轉變，六者物轉變，七者緣了別轉變，八者作法了別轉變，九者生轉變。大慧！是名九種轉變見。依九種轉變見故，一切外道說於轉變從有無生。大慧！何者外道形相轉變？大慧！譬如以金作莊嚴具，鐶、釧、瓔珞種種各異，形相雖殊金體不變，一切外道分別諸法形相轉變亦復如是。大慧！復有外道分別諸法依因轉變。大慧！而彼諸法亦非如是、非不如是，以依分別故。大慧！如是一切轉變亦爾應知，譬如乳酪、酒、果等熟一一轉變，一切外道分別轉變亦復如是，而無實法可以轉變，以自心見有無可取，分別有無故。大慧！一切凡夫亦復如是，以依自心分別，而生一切諸法。大慧！無有法生、無有法轉，如幻夢中見諸色事。大慧！譬如夢中見一切事，石女兒生死。」

爾時，世尊重説偈言：

轉變時形相，四大種諸根，中陰及諸取，如是取非智。
因緣生世間，佛不如是説，因緣即世間，如揵闥婆城。

爾時，大慧菩薩摩訶薩復白佛言：「世尊！惟願如來、應、正偏知善説一切諸法相續、不相續相，惟願善逝説一切法相續、不相續相，我及一切諸菩薩衆善解諸法相續、不相續相，善巧方便知已，不墮執著諸相續、不相續相；離一切法相續、不相續言説文字妄想已，得力自在神通，遊化十方一切諸佛國土大衆之中，陀羅尼門善印所印，十盡句善轉所縛，種種變化光明照耀，譬如四大日月摩尼自然而行，衆生受用遠離諸地，惟自心見分別之相；示一切法如幻如夢，示入依止諸佛之地，於衆生界隨其所應而爲說法，攝取令住一切諸法如幻如夢；離於有無一切朋黨，生滅妄想異言說義，轉身自在往勝處生。」

佛告聖者大慧菩薩言：「善哉，善哉！善哉大慧！諦聽，諦聽！當爲汝說。」大慧白佛言：「善哉！世尊！唯然受教。」

佛告大慧：「一切諸法相續、不相續相者，謂如聲聞執著義相續，相執著相續，緣執著相續，有無執著相續，分別生不生執著相續，分別滅不滅執著相續，分別乘非乘執著相續，分別有爲、無爲執著相續，分別地地相執著相續，分別自分別執著相續，分別有無入外道朋黨執著相續。大慧！如是愚癡凡夫，無量異心分別相續，依此相續愚癡分別如蠶作繭，依自心見分別綖相續，樂於和合自纏纏他，執著有無和合相續。大慧！然無相續無相續相，以見諸法寂靜故，大慧！以諸菩薩見一切法無分別相，是故名見一切菩薩寂靜法門。」

「復次，大慧！如實能知外一切法離於有無，如實覺知自心見相，以入無相自心相故。大慧！以見分別有無法故，名爲相續；以見諸法寂靜故，名無相續。無相續相，無相續諸法相，大慧！無縛無脫，墮於二見，自心分別有縛有脫，何以故？以不能知諸法有無故。復次，大慧！愚癡凡夫有三種相續，何等爲三？謂貪、瞋、癡及愛、樂、生，以此相續故有後生。大慧！相續者衆生相續生於五道。大慧！斷相續者無相續、無相續相。復次，大慧！執著因緣相續故生於三有，以諸識展轉相續不斷，見三解脫門，轉滅執著三有因識，名斷相續。」

爾時，世尊重說偈言：

不實妄分別，名爲相續相，能如實知彼，相續網則斷。
若取聲爲實，如蠶繭自纏，自心妄想縛，凡夫不能知。

大慧菩薩復白佛言：「如世尊說：『以何等何等分別心，分別何等何等法，而彼彼法無彼如是如是體相，惟自心分別。』世尊！若惟自心分別非彼法相者，如世尊說，一切諸法應無染淨，何以故？如來說言：『一切諸法妄分別見，無實體故。』」佛告大慧：「如是如是！如汝所說。大慧！而諸一切愚癡凡夫分別諸法，而彼諸法無如是相，虛妄分別以爲實有。大慧！彼是凡夫虛妄分別諸法體相，虛妄覺知非如實見。大慧！如聖人知一切諸法自體性相，依聖人智、依聖人見、依聖慧眼，是如實知諸法自體相。」

大慧菩薩言：「世尊！世尊！如諸聖人等，依聖智、依聖見、依聖慧眼，非肉眼、天眼，覺知一切諸法體相無如是相，非如凡夫虛妄分別。世尊！云何愚癡凡夫轉虛妄相？」佛告大慧：「能如實覺知聖人境界轉虛妄識。」

「世尊！彼癡凡夫非顛倒見，非不顛倒見，何以故？以不能見聖人境界如實法體故，以見轉變有無相故。」

大慧白佛言：「世尊！一切聖人亦有分別，一切種種諸事無如是相，以自心見境界相故。世尊！彼諸聖人見有法體分別法相，以世尊不說有因、不說無因，何以故？以墮有法相故，餘人見境不如是見。世尊！如是說者有無窮過，何以故？以不覺知所有法相無自體相故。世尊！非因分別有法體相而有諸法。世尊！彼云何分別不如彼分別、應如彼分別？世尊！分別相異相，自體相異相。世尊！而彼二種因不相似，彼彼分別法體相異。云何凡夫如此分別？此因不成如彼所見？世尊說言：『我爲斷諸一切衆生虛妄分別心故，作如是說，如彼凡夫虛妄分別，無如是法。』世尊！何故遮諸衆生有無見事，而執著實法聖智境界。世尊！復令一切衆生墮無見處，何以故？以言諸法寂靜無相，聖智法體如是無相故。」

佛告大慧：「我不說言一切諸法寂靜無相，亦不說言諸法悉無，亦不令其墮於無見，亦令不著一切聖人境界如是。何以故？我爲衆生離驚怖處故，以諸衆生無始世來，執著實有諸法體相，是故我說聖人知法體相實有，復說諸法寂靜無相。大慧！我不說言法體有無，我說自身如實證法，以聞我法修行寂靜諸法無相，得見真如無相境界，入自心見法，遠離見外諸法有無，得三解脫門，得已以如實印善印諸法，自身內證智慧觀察離有無見。」

「復次，大慧！菩薩不應建立諸法不生，何以故？以建立法同諸法有，若不爾者同諸法無。復次，大慧！因建立諸法有故，說一切法於建立法中同，何以故？以彼建立不同一切法不生，是故建立說一切法，是言自破。何以故？以建立中無彼建立，若不爾者，彼建立亦不生。以同諸法無差別相故。是故建立諸法不生，名爲自破，以彼建立三法、五法和合有故，離於建立有無不生。大慧！彼建立入諸法中，不見有無法故。大慧！若彼建立諸法不生，而作是言：『一切法不生。』大慧！如是說者建立則破，何以故？離於建立，有無相不可得故。大慧！是故不應建立諸法不生。大慧！以彼建立同彼一切不生法體，是故不應建立諸法不生，以有多過故。」

「大慧！復有不應建立諸法不生，何以故？以三法、五法彼彼因不同故。大慧！復有不應建立諸法不生，何以故？以彼三法、五法作有爲無常故，是故不應建立一切諸法不生。大慧！如是不應建立一切法空，一切諸法無實體相。大慧！而諸菩薩爲衆生說一切諸法如幻如夢，以見不見相故，以諸法相迷惑見智故，是故應說如幻如夢，除遮一切愚癡凡夫離驚怖處。大慧！以諸凡夫墮在有無邪見中故，以凡夫聞如幻如夢生驚怖故，諸凡夫聞生驚怖已，遠離大乘。」

爾時，世尊重說偈言：

無自體無識，無阿梨耶識，愚癡妄分別，邪見如死屍。
一切法不生，餘見識不成，諸法畢不生，因緣不能成。
一切法不生，莫建如是法，同不同不成，是故建立壞。
譬如目有翳，虛妄見毛輪，分別於有無，凡夫虛妄見。
三有惟假名，無有實法體，執假名爲實，凡夫起分別。
相事及假名，心意所受用，佛子能遠離，住寂境界行。
無水取水相，諸獸癡妄心，凡夫見法爾，聖人則不然。
聖人見清淨，三脫三昧生，遠離於生滅，得無障寂靜。

修行無所有，亦復不見無，有無法平等，是故生聖果。
有無法云何？云何成平等？以心不能見，內外法無常。
若能滅彼法，見心成平等。

爾時，聖者大慧菩薩復白佛言：「世尊！如世尊說：『智慧觀察不能見前境界諸法，爾時善知惟是內心心意意識如實覺知，無法可取亦無能取，是故智亦不能分別而取。』世尊！若言智慧不能取者，為見諸法自相、同相、異異法相、種種異法體不同故，智不能知；為見諸法種種體相不可異故，智不能為知；為是山巖、石壁、牆幕、樹林、草木、地、水、火、風之所障故，智不能知；為是極遠極近處故，智不能知；為是老小，為是盲冥諸根不具，智不能知。世尊！若一切法異異，法相異異，法體自相、同相種種不同故，智不能知者。世尊！若爾彼智非智，何以故？不能知前實境界故。世尊！若一切法種種體相、自相、同相不見異故，智不能為知者，若爾彼智不得言智，何以故？實有境界不能知故。世尊！有前境界如實能見，名之爲智；若爲山巖、石壁、牆幕、樹林、草木、地、水、火、風極遠極近，老小盲冥諸根不具不能知見者，彼智無智，有實境界而不知故。」

佛告大慧：「如汝所說，言無智者，是義不然，何以故？有實智故。大慧！我不依汝如是之說，境界是無惟自心見，我說不覺惟是自心，見諸外物以爲有無，是故智慧不見境界，智不見者不行於心，是故我說入三解脫門智亦不見；而諸凡夫無始世來虛妄分別，依戲論熏習熏彼心故，如是分別，見外境界形相有無。爲離如是虛妄心故，說一切法惟自心見，執著我、我所故不能覺知，但是自心虛妄分別是智、是境界，分別是智、是境界故，觀察外法不見有無墮於斷見。」

爾時，世尊重說偈言：

有諸境界事，智慧不能見，彼無智非智，虛妄見者說。
言諸法無量，是智不能知，障礙及遠近，是妄智非智。

老小諸根冥，不能生智慧，而實有境界，彼智非實智。

「復次，大慧！愚癡凡夫依無始身戲論煩惱、分別煩惱，幻化之身建立自法，執著自心見外境界，執著名字章句言說，而不能知建立正法，不修正行，離四種句清淨之法。」

大慧菩薩言：「如是如是！如是世尊！如世尊說。世尊爲我說所說法建立法相，我及一切諸菩薩等於未來世善知建立說法之相，不迷外道、邪見、聲聞、辟支佛，不正見法。」佛告大慧菩薩言：「善哉，善哉！善哉大慧！諦聽，諦聽！我爲汝說。」大慧言：「善哉！世尊！唯然受教。」

佛告大慧：「有二種過去、未來、現在如來、應、正徧知所說法，何等爲二？一者建立說法相，二者建立如實法相，大慧！何者建立說法相，謂種種功德、修多羅、優波提舍隨衆生信心而爲說法。大慧！是名建立說法相。大慧！何者建立如實法相？謂依何等法而修正行，遠離自心虛妄分別諸法相故，不墮一異、俱不俱朋黨聚中，離心意意識內證聖智所行境界，離諸因緣相應見相，離一切外道邪見，離諸一切聲聞、辟支佛見，離於有無二朋黨見。大慧！是名建立如實法相。大慧！汝及諸菩薩摩訶薩應當修學。」

爾時，世尊重說偈言：

我建立二法，說法如實法，依名字說法，爲實修行者。

【入楞伽經卷第六】

盧迦耶陀品第五

爾時，聖者大慧菩薩復白佛言：「世尊！如來、應、正徧知一時說言：『盧迦耶陀種種辯說，若有親近供養彼人，攝受欲食不攝法食。』世尊！何故說言盧迦耶陀種種辯說，親近供養攝受欲食不攝法食？」

佛告大慧：「盧迦耶陀種種辯才，巧妙辭句迷惑世間，不依如法說，不依如義說，但隨世間愚癡凡夫情所樂故說世俗事，但有巧辭言章美妙失於正義。大慧！是名盧迦耶陀種種辯才樂說之過。大慧！盧迦耶陀如是辯才，但攝世間愚癡凡夫，非入如實法相說法，自不覺知一切法故，墮於二邊邪見聚中，自失正道亦令他失，是故不能離於諸趣；以不能見唯是自心，分別執著外法有相，是故不離虛妄分別。大慧！是故我說盧迦耶陀，雖有種種巧妙辯才樂說諸法，失正理故不得出離生、老、病、死、憂悲、苦惱一切苦聚，以依種種名字、章句、譬喻巧說迷誑人故。」

「大慧！釋提桓因廣解諸論自造聲論，彼盧迦耶陀有一弟子證世間通，詣帝釋天宮建立論法而作是言：『憍尸迦！我共汝賭與汝論義，若不如者要受屈伏，令諸一切天人知見即共立要，我若勝汝要當打汝千輻輪碎，我若不如從頭至足節節分解以謝於汝。』作是要已，盧迦耶陀弟子現作龍身，共釋提桓因論義，以其論法即能勝彼釋提桓因令其屈伏，即於天中打千輻輪車碎如微塵還下人間。大慧！盧迦耶陀婆羅門如是種種譬喻相應，乃至現畜生身，依種種名字迷惑世間天、人、阿修羅，以諸世間一切衆生執著生滅法故，何況於人！大慧！以是義故，應當遠離盧迦耶陀婆羅門，以因彼說能生苦聚故，是故不應親近供養恭敬諮請盧迦耶陀婆羅門。」

「大慧！盧迦耶陀婆羅門所說之法，但見現前身智境界，依世名字說諸邪法。大慧！盧迦耶陀婆羅門所造之論有百千偈，後世、末世分為多部各各異名，依自心見因所造故。大慧！盧迦耶陀婆羅門無有弟子能受其論，是故後世分為多部種種異名。大慧！諸外道等內心無有如實解故，依種種因種種異解，隨自心造而為人說，執著自在因等故。大慧！一切外道所造論中無如是法，惟是一切盧迦耶陀，種種因門說百千萬法，而彼不知是盧迦耶陀。」

大慧菩薩白佛言：「世尊！若一切外道惟說盧迦耶陀，依於世間種種名字、章句、譬喻執著諸因者。世尊！十方一切國土衆生、天、人、阿修羅集如來所，如來亦以世間種種名字、章句、譬喻說法，不說自身內智證法，若爾亦同一切外道所說不異？」

佛告大慧：「我不說於盧迦耶陀，亦不說言諸法不來不去。大慧！我說諸法不來不去。大慧！何者名來？大慧！所言來者名為生聚，以和合生故。大慧！何者名去？大慧！所言去者名之為滅。大慧！我說不去不來名爲不生不滅。大慧！我説不同彼外道法，何以故？以不執著外物有無故，建立説於自心見故，不住二處不行分別諸相境界故，以如實知自心見故，不生自心分別見故，以不分別一切相者，而能入空、無相、無願、三解脫門，名爲解脫。」

「大慧！我念過去於一處住，爾時，有一盧迦耶陀大婆羅門，來詣我所而請我言：『瞿曇！一切作耶？』大慧！我時答言：『婆羅門，一切作者此是第一盧迦耶陀。』婆羅門言：『瞿曇！一切不作耶？』我時答言：『婆羅門！一切不作者是第二盧迦耶陀。』『如是一切常？一切無常？一切生？一切不生？』我時答言：『婆羅門！是第六盧迦耶陀。』大慧！盧迦耶陀復問我言：『瞿曇！一切一耶？一切異耶？一切俱耶？一切不俱耶？一切諸法依於因生，見種種因生故。』大慧！我時答言：『婆羅門！是第十一盧迦耶陀。』大慧！彼復問我：『瞿曇！一切無記耶？一切有記耶？有我耶？無我耶？有此世耶？無此世耶？有後世耶？無後世耶？有解脫耶？無解脫耶？一切空耶？一切不空耶？一切虛空耶？非緣滅耶？涅槃耶？瞿曇！作耶？

非作耶？有中陰耶？無中陰耶？』大慧！我時答言：『婆羅門！如是說者，一切皆是盧迦耶陀，非我所說是汝說法。婆羅門！我說因無始戲論虛妄分別煩惱熏習故說彼三有，以不覺知唯是自心分別見有，非見外有如外道法。』」

「大慧！外道說言：『我根意義三種和合能生於智。』『婆羅門！我不如是，我不說因亦不說無因，唯說自心分別見有可取、能取境界之相，我說假名因緣集故而生諸法，非汝婆羅門及餘境界，以墮我見故。』大慧！涅槃虛空緣滅不成三數，何況言作、有作、不作！大慧！復有盧迦耶陀婆羅門來問我言：『瞿曇！此諸世間無明、愛、業因故生三有耶？無因耶？』我時答言：『婆羅門！此二法盧迦耶陀，非我法耶！』婆羅門復問我言：『瞿曇！一切法墮自相耶？同相耶？』我時答言：『婆羅門！此是盧迦耶陀，非我法耶！婆羅門！但有心意意識執著外物，皆是盧迦耶陀，非我法耶！』」

「大慧！盧迦耶陀婆羅門復問我言：『瞿曇！頗有法非盧迦耶陀耶？

瞿曇！一切外道建立種種名字、章句，因譬喻說者皆是我法。』我時答言：『婆羅門！有法非汝法，非不建立，亦非不說種種名字、章句，亦非不依義、依義說，而非盧迦耶陀建立法。婆羅門！有法非盧迦耶陀，以彼諸法一切外道乃至於汝不能了知，以妄執著外不實分別戲論故。何者是謂遠離分別心？觀察有無，自心見相如實覺知，是故不生一切分別；不取外諸境界法故，分別心息住自住處寂靜境界，是名非盧迦耶陀，是我論法非汝論耶！婆羅門！住自住處者不生不滅故，不生不滅者不生分別心故，婆羅門！是名非盧迦耶陀。婆羅門！略說言之，以何等處識不行、不取、不退、不求、不生、不執著、不樂、不見、不覩、不住、不觸，是名為住，名異義一。婆羅門！執著種種相，自我和合愛著諸因，是婆羅門盧迦耶陀法，非我法耶！』大慧！盧迦耶陀婆羅門來詣我所問如是法，我時答彼婆羅門如向所說。時，婆羅門默然而去，而不問我建立真法；時，盧迦耶陀婆羅門心作是念：『此沙門釋子外於我法是可憐愍，說一切法無因無緣無有生相，惟說自心分別見法，若能覺知自心見相則分別心滅。』大慧！汝今問我：『何故盧迦耶陀種種辯說，親近供養恭敬彼人，但攝欲味不攝法味？』」

大慧白佛言：「世尊！何者名食句義？何者名法句義？」佛告大慧：「善哉，善哉！善哉大慧！汝能為於未來衆生，諮問如來如是二義。善哉大慧！諦聽，諦聽！我為汝說。」大慧白佛言：「善哉！世尊！唯然受教。」

佛告大慧：「何者為食？謂食味、觸味，樂求方便、巧諂著味、執著外境，如是等法名異義一，以不能入無二境界法門義故。復次，大慧！名為食者，依於邪見生陰有支，不離生、老、病、死、憂悲、苦惱，愛生於有，如是等法名之為食；是故我及一切諸佛，說彼親近供養盧迦耶陀婆羅門者，名得食味不得法味。大慧！何者為法味？謂如實能知二種無我，以見人無我，法無我相，是故不生分別之相。如實能知諸地上上智故，爾時能離心意意識，入諸佛智受位之地，攝取一切諸句盡處，如實能知一切諸佛自在之處，名為法味，不墮一切邪見戲論分別二邊。大慧！外道說法多令衆生墮於二邊，不令智者墮於二邊。何以故？大慧！諸外道等多說斷常，以無因故墮於常見，見因滅故墮於斷見。大慧！我說如實見不著生滅，是故我說名爲法味。大慧！是名我說食味、法味。大慧！汝及諸菩薩摩訶薩當學此法。」

爾時，世尊重說偈言：

我攝取衆生，依戒降諸惡，智慧滅邪見，三解脫增長。
外道虛妄說，皆是世俗論，以邪見因果，無正見立論。
我立建立法，離虛妄因見，爲諸弟子說，離於世俗法。
惟心無外法，以無二邊心，能取可取法，離於常斷見。
但心所行處，皆是世俗論，若能觀自心，不見諸虛妄。
來者見因生，去者見果滅，如實知去來，不分別虛妄。
常無常及作，不作彼此物，如是等諸法，皆是世俗論。

【入楞伽經卷第六】

涅槃品第六

爾時，聖者大慧菩薩白佛言：「世尊！如佛所言涅槃涅槃者，以何等法名爲涅槃？而諸外道各各虛妄分別涅槃。」佛告大慧菩薩言：「善哉，善哉！善哉大慧！諦聽，諦聽！當爲汝說。諸外道等虛妄分別涅槃之相，如彼外道所分別者無是涅槃。」大慧白佛言：「善哉！世尊！唯然受教。」

佛告大慧：「有諸外道厭諸境界，見陰界入滅、諸法無常、心心數法不生現前，以不憶過去、未來、現在境界，諸陰盡處如燈焰滅種壞風止，不取諸相妄想分別，名爲涅槃。大慧！而彼外道見如是法生涅槃心，非見滅故名爲涅槃。大慧！或有外道從方至方名爲涅槃。大慧！復有外道分別諸境如風，是故分別名爲涅槃。」

「大慧！復有外道作如是說：『不見能見、所見，境界不滅名爲涅槃。』復次，大慧！復有外道作如是說：『不見分別見常、無常名爲涅槃。』復次，大慧！復有外道作如是言：『分別見諸種種異相能生諸苦，以自心見虛妄分別一切諸相怖畏諸相，見於無相深心愛樂生涅槃想。』」

「復次，大慧！復有外道見一切法自相、同相不生滅想，分別過去、未來、現在諸法是有名爲涅槃。復次，大慧！復有外道見我、人、衆生、壽命、壽者諸法不滅，虛妄分別名爲涅槃。復次，大慧！有餘外道無智慧故，分別所見自性，人命轉變、分別轉變名爲涅槃。」

「復次，大慧！有餘外道說如是言：『罪盡故福德亦盡名爲涅槃。』復次，大慧！有餘外道言：『煩惱盡依智故名爲涅槃。』復次，大慧！有餘外道說如是言：『見自在天造作衆生，虛妄分別名爲涅槃。』復次，大慧！有餘外道言：『諸衆生迭共因生非餘因作。』如彼外道執著於因不知不覺，愚癡闇鈍虛妄分別名爲涅槃。復次，大慧！有餘外道說：『證諦道虛妄分別名爲涅槃。』復次，大慧！有餘外道作如是言：『有作所作而共和合，見一異、俱不俱，虛妄分別名爲涅槃。』復次，大慧！有餘外道言：『一切法自然而生，猶如幻師出種種形像，見種種寶棘刺等物自然而生，虛妄分別名爲涅槃。』復次，大慧！有餘外道言：『諸萬物皆是時作，覺知唯時，虛妄分別名爲涅槃。』復次，大慧！有餘外道言：『見有物、見無物、見有無物，如是分別名爲涅槃。』」

復次，大慧！餘建立法智者說言：『如實見者唯是自心，而不取著外諸境界離四種法，見一切法如彼彼法住，不見自心分別之相，不墮二邊，不見能取、可取境界；見世間建立一切不實迷如實法，以不取諸法名之爲實，以自內身證聖智法，如實而知二種無我，離於二種諸煩惱垢，清淨二障如實能知上上地相，入如來地得如幻三昧，遠離心意意識分別如是等見，名爲涅槃。』大慧！復有諸外道等，邪見覺觀而說諸論，不與如實正法相應，而諸智者遠離訶責。大慧！如是等外道，皆墮二邊虛妄分別，無實涅槃。大慧！一切外道如是虛妄分別涅槃，無人住世間、無人入涅槃，何以故？一切外道依自心論虛妄分別無如實智，如彼外道自心分別無如是法，去來搖動無有如是外道涅槃。大慧！汝及一切諸菩薩等，應當遠離一切外道虛妄涅槃。」

爾時，世尊重說偈言：

外道涅槃見，各各起分別，皆從心相生，無解脫方便。
不離縛所縛，遠離諸方便，自生解脫想，而實無解脫。
外道建立法，衆智各異取，彼悉無解脫，愚癡妄分別。
一切癡外道，妄見作所作，是故無解脫，以說有無法。
凡夫樂戲論，不聞真實慧，言語三界本，如實智滅苦。
譬如鏡中像，雖見而非有，熏習鏡心見，凡夫言有二。
不知唯心見，是故分別二，如實知但心，分別則不生。

心名爲種種，離能見可見，見相無可見，凡夫妄分別。
三有惟妄想，外境界實無，妄想見種種，凡夫不能知。
經經說分別，種種異名字，離於言語法，可說不可得。

【入楞伽經卷第六】

法身品第七

爾時，聖者大慧菩薩白佛言：「世尊！如來、應、正徧知惟願演說自身所證內覺知法，以何等法名爲法身？我及一切諸菩薩等，善知如來法身之相，自身及他俱入無疑。」佛告大慧菩薩言：「善哉，善哉！善哉大慧！汝有所疑，隨意所問，爲汝分別。」大慧白佛言：「善哉！世尊！唯然受教。」即白佛言：「世尊！如來、應、正徧知法身爲作法耶？非作法耶？爲是因耶？爲是果耶？爲能見耶？爲所見耶？爲是說耶？爲可說耶？爲是智耶？智所覺耶？如是等辭句，如來法身爲異耶？爲不異耶？」

佛告大慧：「如來、應、正偏知法身之相，如是辭句等，非作法、非不作法、非因、非果，何以故？以二邊有過故。大慧！若言如來是作法者是則無常，若無常者一切作法應是如來，而佛如來、應、正偏知不許此法。大慧！若如來法身非作法者則是無身，言有修行無量功德一切行者則是虛妄。大慧！若不作者應同兔角，石女兒等，以無作因亦無身故。大慧！若法非因、非果、非有、非無，而彼法體離四種相。大慧！彼四種法名世間言說。大慧！若法離於四種法者，彼法但有名字如石女兒。大慧！石女兒等惟是名字章句之法，說同四法，若墮四法者則智者不取，如是一切問如來句，智者應知。」

佛復告大慧：「我說一切諸法無我，汝當諦聽無我之義。夫無我者，內身無我是故無我。大慧！一切諸法自身爲有、他身爲無，如似牛馬。大慧！譬如牛身非是馬身，馬亦非牛，是故不得言有言無，而彼自體非是無耶！大慧！一切諸法亦復如是，非無體相有自體相，愚癡凡夫不知諸法無我體相，以分別心非不分別心。大慧！如是一切法空，一切法不生，一切法無體相亦爾。大慧!如來法身亦復如是,於五陰中非一非異。大慧!如來法身五陰一者則是無常,以五陰是所作法故。大慧!如來法身五陰異者則有二法,不同體相,如牛二角相似不異,見有別體長短似異。大慧!若如是一切諸法應無異相而有異相,如牛左角異右角、右角異左角,如是長短相待各別,如色種種彼此差別。大慧!如是如來法身之相,於五陰中不可說一、不可說異,於解脫中不可說一、不可說異,於涅槃中不可說一、不可說異,如是依解脫故,說名如來法身之相。」

「大慧!若如來法身異解脫者,則同色相則是無常;若如來法身不異解脫者,則無能證、所證差別。大慧!而修行者見能證及於所證,是故非一。大慧!如是知於可知境界非一非異。大慧!若法非常、非無常、非因、非果、非有爲、非無爲、非覺、非不覺、非能見、非可見、非離陰界入、非即陰界入、非名、非境界、非一、非異、非俱、非不俱、非相續、非不相續,過一切諸法。若過諸法但有其名,若但有名彼法不生,以不生故彼法不滅,以不滅故彼法則如虛空平等。大慧!虛空非因非果,若法非因非果者，彼法則爲不可觀察，不可觀察者，彼法過諸一切戲論，若過一切諸戲論者，名如來法身。大慧！是名如來、應、正徧知法身之相，以過一切諸根境界故。」

爾時，世尊重說偈言：

離諸法及根，非果亦非因，已離覺所覺，離能見所見。
諸緣及五陰，佛不見一法，若無有見法，云何而分別。
非作非不作，非因亦非果，非陰非離陰，亦不在餘處。
何等心分別，分別不能見，彼法非是無，諸法法自爾。
先有故言無，先無故言有，是故不說無，亦不得說有。
迷於我無我，但著於音聲，彼墮於二邊，妄說壞世間。
離諸一切過，則能見我法，是名爲正見，不謗於諸佛。

爾時，聖者大慧菩薩復白佛言：「世尊！惟願世尊爲我解說，惟願善逝爲我解說，如來處處說言諸法不生不滅。世尊復言：『不生不滅者，名如來法身，故言不生不滅。』世尊！如來言：『不生不滅者，爲是無法故名不生不滅，爲是如來異名不生不滅。』而佛如來常說：『諸法不生不滅，以離建立有無法故。』世尊！若一切法不生者，此不得言一切法，以一切法不生故；若依餘法有此名者，世尊應爲我說。』」佛告大慧菩薩言：「善哉，善哉！善哉大慧！諦聽，諦聽！當爲汝說。」大慧菩薩白佛言：「善哉！世尊！唯然受教。」

佛告大慧：「如來法身非是無物，亦非一切法不生不滅，亦不得言依因緣有，亦非虛妄說不生不滅。大慧！我常說言不生不滅者名意生身，如來法身非諸外道、聲聞、辟支佛境界故，住七地菩薩亦非境界。大慧！我言不生不滅者，即如來異名。大慧！譬如釋提桓因、帝釋、王、不蘭陀羅、手抓、身體、地、浮彌、虛空、無礙，如是等種種名號名異義一，不依多名言有多體帝釋等耶！大慧！我亦如是，於娑婆世界中三阿僧祇百千名號，凡夫雖說而不知是如來異名。」

「大慧！或有衆生知如來者，有知自在者，有知一切智者，有知救世間者，有知爲導者，有知爲將者，有知爲勝者，有知爲妙者，有知世尊者，有知佛者，有知牛王者，有知師子者，有知仙人者，有知梵音者，有知那羅延者，有知勝者，有知迦毗羅者，有知究竟者，有知阿利吒尼彌者，有知月者，有知日者，有知婆樓那者，有知毗耶娑者，有知帝釋者，有知力者，有知海者，有知不生者，有知不滅者，有知空者，有知真如者，有知實際者，有知涅槃者、有知法界者、有知法性者、有知常者、有知平等者、有知不二者、有知無相者、有知緣者、有知佛體者、有知因者、有知解脫者、有知道者、有知實諦者、有知一切智者、有知意生身者。」

「大慧！如是等種種名號，如來、應、正徧知於娑婆世界及餘世界中，三阿僧祇百千名號不增不減衆生皆知，如水中月不入不出，而諸凡夫不覺不知，以墮二邊相續法中，然悉恭敬供養於我，而不善解名字句義，取差別相不能自知，執著名字故虛妄分別，不生不滅名爲無法，而不知是如來名號差別之相；如因陀羅、帝釋、王、不蘭陀羅等，以不能決定名與真實，隨順名字音聲取法亦復如是。」

「大慧！於未來世愚癡凡夫說如是言：『如名，義亦如是，而不能知異名有義，何以故？以義無體相故。』復作是言：『不異名字音聲有義，名字音聲即是義，何以故？不知名字體相故。』大慧！彼愚癡人不知音聲即生即滅，義不生滅故。大慧！音聲之性墮於名字，而義不同墮於名字，以離有無故無生無體故。大慧！如來說法依自聲說，不見諸字是有無故不著名字。大慧！若人執著名字說者，彼人不名善說法者，何以故？法無名字故。大慧！是故我經中說：『諸佛如來乃至不說一字、不示一名，何以故？諸法無字依義無說，依分別說故。』大慧！若不說法者，諸佛如來法輪斷滅，法輪滅者，亦無聲聞、緣覺、菩薩，無聲聞、緣覺、菩薩者，爲何等人？何等法？何事說？大慧！是故菩薩摩訶薩不應著於言說名字。」

「大慧！名字章句非定法故，依衆生心說，諸佛如來隨衆生信而說諸法，爲令遠離心意意識故，不說自身內證聖智建立諸法，如實能知一切諸法寂靜相故，但見自心覺所知法，離二種心分別之相，不如是說。大慧！

菩薩摩訶薩依義不依語，若善男子、善女人，隨文字說者墮在邪見，自身失壞第一義諦，亦壞他人令不覺知。大慧！諸外道等各依自論異見言說。大慧！汝應善知一切地相，善知樂說、辯才、文辭、章句，善知一切諸地相已，進取名句、樂說、辯才，善知諸法義相應相，爾時自身於無相法樂而受樂受，住大乘中令衆生知。」

「大慧！取大乘者，即是攝受諸佛、聲聞、緣覺、菩薩，攝受諸佛、聲聞、緣覺菩薩者，即是攝受一切衆生，攝受一切諸衆生者，即是攝受勝妙法藏，攝受法藏者，即不斷佛種。不斷佛種者，不斷一切勝妙生處，以彼勝處諸菩薩等願生彼故，置諸衆生大乘法中，十自在力，隨諸衆生形色諸使，而能隨現說如實法。大慧！何者如實法？如實法者，不異不差、不取不捨，離諸戲論名如實法。」

「大慧！善男子、善女人，不得執著文字音聲，以一切法無文字故。大慧！譬如有人爲示人物以指指示，而彼愚人即執著指，不取因指所示之物。大慧！愚癡凡夫亦復如是，聞聲執著名字指故，乃至沒命終不能捨文字之指取第一義故。大慧！譬如穀粟名凡夫食，不舂不吹不可得食，若其有人未作食者名爲顛狂，要須次第乃至炊熟方得成食。大慧！不生不滅亦復如是，不修巧智方便行者，不得具足莊嚴法身。大慧！執著名字言得義者，如彼癡人不知舂炊，噉文字穀不得義食，以是義故當學於義，莫著文字。大慧！所言義者名爲涅槃，言名字者分別相縛生世間解。大慧！義者從於多聞人得。大慧！言多聞者謂義巧方便，非聲巧方便。大慧！義方便者離於一切外道邪說亦不和雜，如是說者，自身不墮外道邪法，亦不令他墮外道法。大慧！是名多聞有義方便。大慧！欲得義者應當親近多聞智者供養恭敬，著名字者應當遠離，不應親近。」

爾時，大慧菩薩承諸佛力白佛言：「世尊！如來世尊說一切法不生不滅非爲奇特，何以故？一切外道亦說諸因不生不滅；如來亦說虛空、非數緣滅及涅槃界不生不滅。世尊！諸外道亦說依諸因緣生諸衆生；如來亦說無明、愛、業分別因緣生諸世間。若爾如來亦說因緣名字相異，依外因緣能生諸法；外道亦說依外因緣而生諸法，是故如來與外道說無有差別。世尊！外道因微塵、勝、自在天、梵天等，共外九種因緣，說言諸法不生不滅；如來亦說，一切諸法不生不滅，有無不可得，以諸四大不滅，自相不生不滅。隨佛如來種種異說，而不離於外道所說，而諸外道亦說諸大不離大體。世尊！諸外道分別諸大，如來亦爾分別諸大。世尊！以是義故，如來所說不異外道，若不同者如來應說所有異相，若有異相當知不同外道所說。世尊！若佛如來於自法中不說勝相者，諸外道中亦應有佛，以說諸法不生不滅。如來常說一世界中而有多佛俱出世者，無有是處，如向所說一世界中應有多佛，何以故？所說有無因無差故。如佛所說言無虛謬，云何世尊於自法中不說勝相？」

佛告大慧言：「大慧！我所說法不生不滅者，不同外道不生不滅，亦不同彼不生無常法。何以故？大慧！諸外道說有實有體性不生不變相，我不如是墮於有無朋黨聚中。大慧！我說離有無法，離生、住、滅相，非有非無，見諸一切種種色像如幻如夢，是故不得言其有無。大慧！云何不得言其有無？謂色、體、相有見不見、取不取故。大慧！是故我說一切諸法非有非無。大慧！以不覺知唯是自心分別生見，一切世間諸法本來不生不滅，而諸凡夫生於分別，非聖人耶！」

「大慧！迷心分別不實義者，譬如凡夫見犍闥婆城，幻師所作種種幻人、種種象馬，見其入出虛妄分別，作如是言：『此如是如是入，如是如是出。』大慧！而彼實處無人出入，惟自心見迷惑分別，生不生法亦復如是。大慧！而彼實處無此有爲無爲諸法，如彼幻師所作幻事，而彼幻師不生不滅。大慧！諸法有無亦無所爲，以離生滅故，惟諸凡夫墮顛倒心分別生滅，非謂聖人。」

「大慧！顛倒者，如心分別此法如是如是，而彼法不如是如是亦非顛倒分別，顛倒者執著諸法是有是無，非見寂靜故；不見寂靜者，不能遠離虛妄分別。是故，大慧！見寂靜者名爲勝相，非見諸相名爲勝相，以不能斷生因相故。大慧！言無相者遠離一切諸分別心，無生無相者是我所說名爲涅槃。大慧！言涅槃者謂見諸法如實住處，遠離分別心、心數法，依於次第如實修行，於自內身聖智所證，我說如是名爲涅槃。」

爾時，世尊重說偈言：

為遮生諸法，建立無生法，我說法無因，凡夫不能知。
我說法無因，而凡夫不知，一切法不生，亦不得言無。
犍闥婆幻夢，諸法無因有，諸法空無相，云何為我說？
離諸和合緣，智慧不能見，以空本不生，是故說無體。
一一緣和合，見物不可得，非外道所見，和合不可得。
夢幻及毛輪，犍闥婆陽焰，無因而妄見，世間事亦爾。
降伏無因論，能成無生義，能成無生者，我法不滅壞。
說無因諸論，外道生驚怖，云何何等人？何因於何處？
生諸法無因，非因非無因，智者若能見，能離生滅見。
無法生不生，為無因緣相，若為法名字，無義為我說。
非法有無生，亦非待因緣，非前法有名，亦名不空說。
聲聞辟支佛，外道非境界，住在於七地，彼處無生相。

離諸因緣法，爲遮諸因緣，說建立惟心，我說名無生。
諸法無因緣，離分別分別，離有無朋黨，我說名無生。
心離於見法，及離二法體，轉身依正相，我說名無生。
外非實無實，亦非心所取，幻夢及毛輪，犍闥婆陽焰，
遠離於諸見，是名無生相。如是空等法，諸文句應知，
非生及空空，而無於生空。諸因緣和合，有生及有滅，
離於諸因緣，不生亦不滅。離因緣無法，離和合無得，
外道妄分別，而見有一異。有無不生法，有無不可得，
惟和合諸法，而見有生滅。但有於名字，展轉爲鈎鎖，
離彼因緣鎖，生法不可得。生法不見生，離諸外道過，
我說緣鈎鎖，諸凡夫不知。若離緣鈎鎖，更無有別法，
是則無因緣，破壞緣鎖義。如燈顯衆像，鈎鎖生亦然，
是則離鈎鎖，別更有法生。生法本無體，自性如虛空，
離鈎鎖求法，愚人無所知。復有餘無生，聖人所得法，

彼生無生者，是則無生忍。若見諸世間，則是見鉤鎖，
一切皆鉤鎖，是則心得定。無明愛業等，是則內鉤鎖，
攢軸泥團輪，種子大鉤鎖。若更有他法，而從因緣生，
離於鉤鎖義，彼不住聖教。若生法是無，彼爲誰鉤鎖？
展轉相生故，是名因緣義。堅濕熱動法，凡夫生分別，
離鎖更無法，是故說無體。如醫療衆病，依病出對治，
而論無差別，病殊故方異。我念諸衆生，爲煩惱過染，
知根力差別，隨堪受爲說。我法無差別，隨根病異說，
我唯一乘法，八聖道清淨。

【入楞伽經卷第七】

無常品第八

爾時，聖者大慧菩薩復白佛言：「世尊！世尊說無常，無常者，一切外道亦說無常。世尊！如來依於名字章句說如是言：『諸行無常是生滅法。』世尊！此法為是真實？為是虛妄？世尊！復有幾種無常？」

佛告聖者大慧菩薩言：「善哉，善哉！善哉大慧！一切外道虛妄分別說八種無常。何等為八？一者發起所作而不作，是名無常。何者名為發起？謂生法不生法、常法無常法，名為發起無常。二者形相休息，名為無常。三者色等即是無常。四者色轉變故，異異無常，諸法相續自然而滅，如乳酪轉變，於一切法不見其轉亦不見滅，名爲無常。五者復有餘外道等，以無物故，名爲無常。六者有法無法而悉無常，以一切法本不生故，名爲無常；以無常法彼中和合，是故無常。七者復有餘外道等，本無後有名爲無常，謂依諸大所生相滅，不見其生，離相續體，名爲無常。八者不生無常，謂爲非常，是故無常，見諸法有無、生不生，乃至微塵觀察不見法生，故言不生，諸法非生。大慧！是名無生無常相，而諸外道不知彼法所以不生，是故分別諸法不生，故言無常。」

「復次，大慧！外道分別無常之法，言有於物，彼諸外道自心虛妄分別無常，常非無常，以有物故。何以故？自體不滅故；自體不滅者，無常之體常不滅故。大慧！若無常法是有物者應生諸法，以彼無常能作因故。大慧！若一切法不離無常者，諸法有無一切應見。何以故？如杖木、瓦石，能破可壞之物悉皆破壞，見彼種種異異相故，是故無常因，一切法無法亦非因亦非果。大慧！復有諸過，以彼因果無差別故，而不得言此是無常而彼是果；以因果差別故，故不得言一切法常，以一切法無因故。大慧！諸法有因，而諸凡夫不覺不知，異因不能生異果故。大慧！若異因能生異果者，異因應生一切諸法，若爾復更有過，應因果差別而見差別。大慧！若其無常是有物者，應同因體所作之事，復更有過，於一法中即應具足一切諸法，以同一切所作，因果業相無差別故；復更有過，自有無常，無常有無常體故；復更有過，一切諸法無常、應常故；復更有過，若其無常同諸法者墮三世法。」

「大慧！過去色同無常故已滅，未來法未生，以同色無常故不生，現在有法不離於色，以色與彼諸大相，依五大、依塵，是故不滅，以彼彼不相離故。大慧！一切外道不滅諸大，三界依大、依微塵等，是故依彼法說生、住、滅。大慧！離於此法更無四大諸塵等法，以彼外道虛妄分別離一切法更有無常，是故外道說言諸大不生不滅；以自體相常不滅故，是故彼說發起作事中間不作名為無常。諸大更有發起諸大，無彼彼異相、同相不生滅法，以見諸法不生滅故，而於彼處生無常智。」

「大慧！何者名為形相休息無常？謂能造、所造形相，見形相異如長短，非諸大滅而見諸大形相轉變，彼人墮在僧佉法中。大慧！復形相無常者，謂何等人即色名無常，彼人見於形相無常，而非諸大是無常法；若諸大無常，則諸世間一切不得論說世事；若論世事，墮盧迦耶陀邪見朋黨，以說一切諸法唯名，復見諸法自體相生。大慧！轉變無常者，謂見諸色種種異相非諸大轉變，譬如見金作莊嚴具，形相轉變金體不異，餘法轉變亦復如是。大慧！如是外道虛妄分別見法無常，火不燒諸大，自體不燒，以彼諸大、自體差別故。大慧！諸外道說若火能燒諸大者，則諸大斷滅是故不燒。」

「大慧！我說大及諸塵非常、非無常，何以故？我不說外境界有故，我說三界但是自心，不說種種諸相是有，是故說言不生不滅，唯是四大因緣和合，非大及塵是實有法，以虛妄心分別二種可取、能取法，如實能知二種分別；是故離外有無見相，唯是自心分別作業，而名為生而業不生，以離有無分別心故。大慧！何故非常，非不常？以有世間及出世間上上諸法，是故不得說言是常。何故非無常？以能覺知唯是自心分別見故，是故非無常。而諸外道墮在邪見執著二邊，不知自心虛妄分別，非諸聖人分別無常。大慧！一切諸法總有三種，何等爲三？一者世間法相，二者出世間法相，三者出世間上上勝法相。以依言語種種說法，而諸凡夫不覺不知。」

爾時，世尊重說偈言：

遠離於始造，及與形相異，無常名有物，外道妄分別。
諸法無有滅，諸大自性住，墮於種種見，外道說無常。
彼諸外道說，諸法不生滅，諸大體自常，何等法無常？
一切世唯心，而心見二境，可取能取法，我我所法無。
三界上下法，我說皆是心，離於諸心法，更無有可得。

【入楞伽經卷第七】

入道品第九

爾時，聖者大慧菩薩摩訶薩復白佛言：「世尊！惟願世尊爲我說一切諸菩薩、聲聞、辟支佛入滅盡定次第相，我及一切諸菩薩等，若得善知入滅盡定次第之相巧方便者，不墮聲聞、辟支佛三昧三摩跋提滅盡定樂，不墮聲聞、辟支佛、外道迷惑之法。」佛告聖者大慧菩薩言：「善哉，善哉！善哉大慧！諦聽！諦聽！當爲汝說。」大慧菩薩白佛言：「善哉！世尊！唯然受教。」

佛告大慧：「菩薩從初地乃至六地入滅盡定，聲聞、辟支佛亦入滅盡定。大慧！諸菩薩摩訶薩於七地中念念入滅盡定，以諸菩薩悉能遠離一切諸法有無相故。大慧！聲聞、辟支佛不能念念入滅盡定，以聲聞、辟支佛緣有爲行入滅盡定，墮在可取、能取境界，是故聲聞、辟支佛，不能入七地中念念滅盡定，以聲聞、辟支佛生驚怖想，恐墮諸法無異相故；以覺諸法種種異相、有法無法、善不善法、同相異相而入滅盡定，是故聲聞、辟支佛不能入七地中念念滅盡定，以無善巧方便智故。」

「大慧！七地菩薩摩訶薩，轉滅聲聞、辟支佛心意意識。大慧！初地乃至六地菩薩摩訶薩，見於三界但是自心心意意識，離我、我所法唯是自心分別，不墮外法種種諸相；唯是凡夫內心愚癡，墮於二邊見於可取、能取之法，以無知故，而不覺知無始世來身、口及意妄想煩惱戲論熏習而生諸法。大慧！於八地中一切菩薩、聲聞、辟支佛入涅槃想。大慧！諸菩薩摩訶薩承己自心三昧佛力，不入三昧樂門，墮涅槃而住，以不滿足如來地故；若彼菩薩住三昧分者，休息度脫一切衆生，斷如來種滅如來家，爲示如來不可思議諸境界故，是故不入涅槃。」

「大慧！聲聞、辟支佛墮三昧樂門法，是故聲聞、辟支佛生涅槃想。大慧！諸菩薩摩訶薩從初地來乃至七地具巧方便，觀察心意意識之想，遠離我、我所取相之法，觀察我空、法空，觀察同相、異相，善解四無礙巧方便義，自在次第入於諸地菩提分法。大慧！我若不說諸菩薩摩訶薩同相、異相法者，一切菩薩不如實知諸地次第，恐墮外道邪見等法故，我次第說諸地相。大慧！若人次第入諸地者不墮餘道，我說諸地次第相者，唯自心見諸地次第及三界中種種行相；而諸凡夫不覺不知，以諸凡夫不覺知故，是故我及一切諸佛說於諸地次第之相，及建立三界種種行相。」

「復次，大慧！聲聞、辟支佛於第八菩薩地中，樂著寂滅三昧樂門醉故，不能善知唯自心見，墮自相、同相熏習障礙故，墮人無我、法無我見過故，以分別心名爲涅槃，而不能知諸法寂靜。大慧！諸菩薩摩訶薩以見寂靜三昧樂門，憶念本願大慈悲心度諸衆生，知十無盡如實行智，是故不即入於涅槃。大慧！諸菩薩摩訶薩！遠離虛妄分別之心，遠離能取、可取境界，名入涅槃。以如實智知一切諸法唯是自心，是故不生分別之心，是故菩薩不取心意意識，不著外法實有之相，而非不爲佛法修行，依根本智展轉修行，爲於自身求佛如來證地智故。」

「大慧！如人睡夢度大海水，起大方便欲度自身，未度中間忽然便寤，作是思惟：『此爲是實？爲是虛妄？』彼復思惟：『如是之相非實非虛，唯是我本虛妄分別不實境界，熏習因故，見種種色，形相顛倒，不離有無意識，熏習於夢中見。』大慧！菩薩摩訶薩亦復如是，於八地中見分別心，初地七地諸法同相，如夢如幻平等無差，離諸功用可取、能取分別之心，見心心數法。爲於未得上上佛法修行者令得故，菩薩摩訶薩修行勝法，名爲涅槃，非滅諸法名爲涅槃；菩薩摩訶薩遠離心意意識分別相故，得無生法忍。大慧！第一義中亦無次第、無次第行，諸法寂靜亦如虛空。」

大慧菩薩白佛言：「世尊！世尊說：『聲聞、辟支佛入第八菩薩地寂滅樂門。』如來復說：『聲聞、辟支佛不知但是自心分別。』復說：『諸聲聞得人無我，而不得法無我空。』若如是說，聲聞、辟支佛尚未能證初地之法，何況八地寂滅樂門！」

佛告大慧：「我今爲汝分別宣說。大慧！聲聞有二種，言入八地寂滅門者，此是先修菩薩行者墮聲聞地，還依本心修菩薩行，同入八地寂滅樂門，非增上慢寂滅聲聞，以彼不能入菩薩行，未曾覺知三界唯心，未曾修行菩薩諸法，未曾修行諸波羅蜜十地之行，是故決定寂滅聲聞不能證彼菩薩所行寂滅樂門。」

爾時，世尊重說偈言：

唯心無所有，諸行及佛地，去來現在佛，三世說如是。
七地爲心地，無所有八地，二地名爲行，餘地名我地。
內身證及淨，此名爲我地，自在最勝處，阿迦尼吒天。
照曜如火焰，出妙諸光明，種種美可樂，化作於三界。
化現三界色，或有在光化，彼處說諸乘，是我自在地。
十地爲初地，初地爲八地，九地爲七地，七地爲八地。

二地為三地，四地為五地，三地為六地，寂滅有何次？

決定諸聲聞，不行菩薩行，同入八地者，是本菩薩行。

【入楞伽經卷第七】

問如來常無常品第十

爾時，聖者大慧菩薩摩訶薩白佛言：「世尊！如來、應、正徧知爲是常耶？爲無常耶？」

佛告聖者大慧菩薩言：「大慧！如來、應、正徧知非常非無常，何以故？二邊有過故。大慧！有無二邊應有過失。大慧！若言如來是常法者，則同常因。大慧！以諸外道說言微塵諸因常故，非是作法。大慧！是故不得言如來常，以非作法而言常故。大慧！亦不得言如來無常，言無常者即是同於有爲作法，五陰可見能見法，無五陰滅故，五陰滅者諸佛如來亦應同滅，而佛如來非斷絕法。大慧！凡作法者皆是無常，如瓶、衣、車、屋及席疊等皆是作法，是故無常。大慧！若言一切皆無常者，一切智、一切智人、一切功德亦應無常，以同一切作法相故。又復有過，若言一切皆無常者，諸佛如來應是作法，而佛如來非是作法，以無更說有勝因故，是故我言如來非常亦非無常。」

「復次，大慧！如來非常，何以故？虛空之性亦無修行諸功德故。大慧！譬如虛空非常、非無常，何以故？以離常、無常故？以不墮一異、俱不俱、有無、非有非無、常無常、非常非無常，是故離於一切諸過不可得說。復次，大慧！亦不得言如來是常，何以故？若言常者同於兔、馬、駝、驢、龜、蛇、蠅、魚等角，是故不得言如來常。復次，大慧！亦不得言如來是常，恐墮不生常故，是故不得言如來世尊常。復次，大慧！更有餘法，依彼法故，得言如來世尊是常，何以故？依內證智證常法故，是故得言如來是常。」

「大慧！諸佛如來內證智法，常恆清涼不變。大慧！諸佛如來、應、正徧知，若出於世、不出於世，法性常如是，法體常如是，法軌則常如是，以彼法性一切聲聞、辟支佛等，亦不曾聞、亦不曾見；如是法體，非虛空中，毛道凡夫不覺不知。大慧！諸佛如來內證智者依彼得名。大慧！以依如實智慧修行得名爲佛，非心意意識、無明、五陰熏習得名。大慧！一切三界不實妄想分別戲論得名。大慧！不實分別二種法者而得名爲常與無常，而佛如來不墮二法，不墮能取、可取二邊，如來寂靜，二法不生故。是故，大慧！諸佛如來、應、正徧知不得言是常與無常。大慧！凡所言語，而得說言常與無常；遠離一切分別盡者，不得言取常、無常法。是故我遮一切凡夫，不得分別常與無常，以得真實寂靜法者，得盡分別、不生分別。」

爾時，世尊重說偈言：

離於常無常，非常非無常，若見如是佛，彼不墮惡道。
若說常無常，諸功德虛妄，無智者分別，遮說常無常。
所有立法者，皆有諸過失，若能見唯心，彼不墮諸過。

佛性品第十一

【入楞伽經卷第七】

爾時，聖者大慧菩薩摩訶薩復請佛言：「世尊！惟願如來、應、正徧知為我說，善逝為我說陰界入生滅之相。世尊！若無我者誰生誰滅？世尊！一切凡夫依生、滅、住不見苦盡，是故不知涅槃之相。」佛告聖者大慧菩薩言：「善哉，善哉！善哉！大慧！汝今諦聽，當為汝說。」大慧白佛言：「善哉！世尊！唯然受教。」

佛告大慧：「如來之藏是善不善因故，能與六道作生死因緣，譬如伎兒出種種伎，衆生依於如來藏故五道生死。大慧！而如來藏離我、我所，諸外道等不知不覺，是故三界生死因緣不斷。大慧！諸外道等妄計我故，不能如實見如來藏，以諸外道無始世來，虛妄執著種種戲論諸熏習故。大慧！阿梨耶識者，名如來藏，而與無明七識共俱，如大海波常不斷絕，身俱生故，離無常過、離於我過，自性清淨；餘七識者，心意意識等念念不住是生滅法。七識由彼虛妄因生，不能如實分別諸法，觀於高下長短形相故，執著名相故，能令自心見色相故，能得苦樂故，能離解脫因故，因名相生隨煩惱貪故，依彼念因諸根滅盡故，不次第生故，餘自意分別不生苦樂受故，是故入少想定滅盡定，入三摩跋提四禪。實諦解脫，而修行者生解脫相，以不知轉滅虛妄相故。」

「大慧！如來藏識不在阿梨耶識中，是故七種識有生有滅，如來藏識不生不滅。何以故？彼七種識依諸境界念觀而生，此七識境界一切聲聞、辟支佛、外道修行者，不能覺知，不如實知，人無我故，以取同相、別相法故，以見陰界入法等故。大慧！如來藏如實見五法體相法無我故不生，如實知諸地次第展轉和合故，餘外道不正見不能觀察。大慧！菩薩住不動地，爾時，得十種三昧門等爲上首，得無量無邊三昧，依三昧佛住持，觀察不可思議諸佛法及自本願力故，遮護三昧門實際境界，遮已入自內身聖智證法真實境界，不同聲聞、辟支佛、外道修行所觀境界。爾時，過彼十種聖道，入於如來意生身、智身，離諸功用三昧心故。是故大慧！諸菩薩摩訶薩欲證勝法如來藏阿梨耶識者，應當修行，令清淨故。」

「大慧！若如來藏阿梨耶識名爲無者，離阿梨耶識無生無滅，一切凡夫及諸聖人依彼阿梨耶識故有生有滅；以依阿梨耶識故，諸修行者入自內身聖行所證現法樂行而不休息。大慧！此如來心阿梨耶識如來藏諸境界，一切聲聞、辟支佛、諸外道等不能分別，何以故？以如來藏是清淨相，客塵煩惱垢染不淨。大慧！我依此義依勝鬘夫人，依於菩薩摩訶薩深智慧者，說如來藏阿梨耶識，共七種識生名轉滅相，爲諸聲聞、辟支佛等示法無我，對勝鬘說言如來藏是如來境界。大慧！如來藏識、阿梨耶識境界，我今與汝及諸菩薩甚深智者，能了分別此二種法，諸餘聲聞、辟支佛及外道等執著名字者，不能了知如此二法。大慧！是故汝及諸菩薩摩訶薩當學此法。」

爾時，世尊重說偈言：

甚深如來藏，與七識俱生，取二法則生，如實知不生。
如鏡像現心，無始習所熏，如實觀察者，諸境悉空無。
如癡見指月，觀指不觀月，計著名字者，不見我真實。
心如巧伎兒，意如狡猾者，意識及五識，虛妄取境界。
如伎兒和合，誑惑於凡夫。

【入楞伽經卷第七】

五法門品第十二

爾時，聖者大慧菩薩摩訶薩復請佛言：「世尊！惟願如來、應、正徧知為我說，善逝為我說五法體相及二無我差別行相，我及一切諸菩薩等，若得善知五法體相、二種無我差別相者，修行是法次第入於一切諸地，修行是法能入一切諸佛法中，入諸佛法者乃至能入如來自身內證智地。」佛告聖者大慧菩薩言：「善哉，善哉！善哉大慧！汝今諦聽，當為汝說。」大慧菩薩言：「善哉！世尊！唯然受教。」

佛告大慧：「我為汝說五法體相、二種無我差別行相。大慧！何等五法？一者名，二者相，三者分別，四者正智，五者真如。內身修行證聖人智，離斷，常見現如實修行者，入三昧樂三摩跋提行門故。大慧！一切凡夫不覺不知五法體相、二種無我，惟以自心見於外物，是故生於分別之心，非謂聖人。」

大慧白佛言：「世尊！云何凡夫生分別心非聖人也？」

佛告大慧：「一切凡夫執著名相隨順生法；隨順生法已，見種種相，墮我、我所邪見心中，執著具足；一切法相執著已入於無明黑闇障處；入障已起於貪心；地貪心已而能造作貪、瞋、癡業，造業行已不能自止，如蠶作繭以分別心而自纏身，墮於六道大海險難，如轆轤迴轉不自覺知。以無智故不知一切諸法如幻，不知無我、我所，諸法非實從於妄想分別而生，而不知離可見、能見，而不知離生、住、滅相，不知自心虛妄而生，謂知隨順自在天、時、微塵、我生。」

「大慧！何者爲名？謂眼識見前色等法，相如聲相、耳相、鼻相、舌相、身相，大慧！如是等相我說名爲名相。大慧！何者分別？以依何等法說名取相，了別此法如是如是畢竟不異，謂象、馬、車、步、人民等分別種種相，是名分別。大慧！何者正智？以觀察名相，觀察已不見實法，以彼迭共因生故見；迭共生者諸識不復起，分別識相不斷不常，是故不墮一切外道、聲聞、辟支佛地。大慧！是名正智。復次，大慧！菩薩摩訶薩依正智，不取名相法以爲有，不取不見相以爲無。何以故？以離有無邪見故，以不見名相是正智義，是故我說名爲真如。」

「大慧！菩薩住真如法者，得入無相寂靜境界，入已得入菩薩摩訶薩初歡喜地，菩薩得初歡喜地時，證百金剛三昧明門，捨離二十五有一切果業，過諸聲聞、辟支佛地，住如來家真如境界，如實修行知五法相如幻如夢，如實觀察一切諸法，起自內身證聖智修行，如是展轉遠離虛妄世間覺觀所樂之地，次第乃至法雲地，入法雲地已，次入三昧力自在神通諸華莊嚴如來之地，入如來地已，爲教化衆生現種種光明應莊嚴身如水中月，依無盡句善縛所縛，隨衆生信者而爲說法，離心意意識身故。大慧！菩薩入真如已，得佛地中如是如是無量無邊法。」

大慧復白佛言：「世尊！世尊爲五法入三法？爲三法入五法中？爲自體相各各差別？」

佛告大慧：「三法入五法中，大慧！非但三法入五法中，八種識、二種無我亦入五法。大慧！云何三法入五法中？大慧！名相名爲分別法相，大慧！依彼二法分別生心、心數法，一時非前後，如日共光明一時，而有分別種種相。大慧！是名三相，依因緣力生故，大慧！正智真如名第一義諦相，依不滅法故。復次，大慧！著於自心見分別法，差別有八種以分別諸相，以爲實故離我、我所生滅之法，爾時得證二無我法。大慧！五法法門入諸佛地，諸地法相亦入五法門中，一切聲聞、辟支佛法亦入五法門中，如來內身證聖智法亦入五法門中。」

「復次，大慧！五法相、名、分別、真如、正智。大慧！何者名爲相？相者見色形相狀貌勝不如，是名爲相。大慧！依彼法相起分別相，此是瓶、此是牛、馬、羊等，此法如是如是不異。大慧！是名爲名。大慧！依於彼法立名，了別示現彼相，是故立彼種種名字牛、羊、馬等，是名分別心、心數法。大慧！觀察名相乃至微塵，常不見一法相諸法不實，以虛妄心生分別故。大慧！言真如者名爲不虛，決定畢竟盡自性自體，正見真如相，我及諸菩薩及諸佛如來、應、正徧知說名異義一。大慧！如是等隨順正智不斷不常，無分別分別不行處，隨順自身內證聖智，離諸一切外道、聲聞、辟支佛等惡見朋黨不正智中。大慧！於五法、三法相、八種識、二種無我，一切佛法皆入五法門中。大慧！汝及諸菩薩摩訶薩爲求勝智應當修學。大慧！汝知五法不隨他教故。」

爾時世尊重說偈言：

五法自體相，及與八種識，二種無我法，攝取諸大乘。

名相及分別，三法自體相，正智及真如，是第一義相。

恆河沙品第十三

【入楞伽經卷第七】

爾時，聖者大慧菩薩摩訶薩白佛言：「世尊！如世尊依名字說過去、未來、現在諸佛如恆河河沙。世尊！佛說如是，為依如來口中所說，我隨順取，為更有義？願為我說。」

佛告聖者大慧菩薩言：「大慧！如我所說名字章句，莫如是取。大慧！三世諸佛非恆河河沙等，何以故？所說譬喻過世間者，非如譬喻，何以故？以有相似、不相似故。大慧！諸佛如來、應、正徧知不定說過世間相似、不相似譬喻，何以故？大慧！我說譬喻但是少分故。大慧！我及諸佛如來、應、正徧知所說譬喻但說少義，何以故？愚癡凡夫諸外道等，著諸法常增長邪見，隨順世間輪迴生死，爲彼生厭聞生驚怖，又聞諸佛如恆河沙，便於如來無上聖道生易得想，求出世法。大慧！是故我說諸佛如來如恆河河沙。何以故？我餘經中說佛出世如優曇華，衆生聞已言佛道難得不修精進，是故我說諸佛如來如恆河河沙。大慧！我說諸佛出世如優曇華者，依可化衆生義故，我說諸佛如優曇華。大慧！而優曇華於世間中無人曾見，當亦不見。大慧！諸佛如來世間曾見、現見、當見。大慧！我說如是，非依自身所得法說，是故說言如優曇華，諸佛如來亦復如是。」

「大慧！我依內身證法說法，是故說過世間譬喻，以諸凡夫、無信衆生不能信我所說譬喻。何以故？說自內身聖智境界，無譬喻可說，遠離心意意識過諸見地；諸佛如來真如之法不可說故，是故我說種種譬喻。大慧！我說諸佛如恆河河沙者，是少分譬喻。大慧！諸佛如來平等非不平等，以非分別分別故。大慧！譬如恆河河中所有之沙，魚、鱉、龜、龍、牛、羊、象、馬諸獸踐蹈，而彼河沙不生分別、不瞋不恚，亦不生心：

「彼惱亂我。」無分別故，淨離諸垢。大慧！諸佛如來、應、正徧知亦復如是，內身證得聖智，滿足諸力神通自在功德如恆河沙，一切外道邪論諸師愚癡魚鱉，以瞋恚心毀罵如來，如來不動不生分別，本願力故爲與衆生三昧三摩跋提，一切諸樂令滿足故，不分別分別。大慧！是故我說諸佛如來如恆河河沙等，等者平等無有異相，以離愛身故。」

「大慧！譬如恆河河沙不離地相。大慧！大地火燒，火不異地故，火不燒地，地大有火，相續體故。大慧！愚癡凡夫墮顚倒智，自心分別言地被燒，而地不燒以不離地，而得更有四大火身故。大慧！諸佛如來亦復如是，諸佛如來法身之體，如恆河河沙等，不滅不失故。大慧！譬如恆河河沙無量無邊，大慧！諸佛如來亦復如是，出於世間放無量光，徧於一切諸佛大會，爲化衆生令覺知故。大慧！如恆河河沙更不生相，如彼微塵微塵體相如是而住。大慧！諸佛如來亦復如是，於世間中不生不滅，諸佛如來斷有因故。大慧！如恆河河沙，若出於河亦不可見，入於河中亦不可見，亦不起心：『我出入河。』大慧！諸佛如來智慧之力亦復如是，度諸衆生亦不盡滅亦不增長，何以故？諸法無身故。」

「大慧！一切有身皆是無常磨滅之法，非無身法，諸佛如來唯法身故。大慧！譬如有人欲得酥油押恆河沙終不可得，無酥油故。大慧！諸佛如來爲諸衆生苦惱所押，瞋不可得，不捨自法界相，不捨自法味相，不捨本願與衆生樂，以得具足大慈大悲，我若不令一切衆生入涅槃者，我身亦不入於涅槃。大慧！如恆河河沙隨水而流終不逆流，大慧！諸佛如來爲諸衆生說法亦爾，隨順涅槃而非逆流。大慧！是故我說諸佛如來如恆河河沙。大慧！言恆河河沙隨順流者非是去義，若佛如來有去義者，諸佛如來應無常滅。大慧！世間本際尚不可知，不可知者我云何依而說去義？是故如來非爲去義。大慧！去義者名爲斷義，愚癡凡夫不覺不知。」

大慧白佛言：「世尊！世尊！若衆生在於世間輪迴，去來本際不可知者，云何如來而得解脫？復令衆生得於解脫？」

佛告大慧言：「大慧！言解脫者，離於一切戲論煩惱無始熏習分別心故，如實能知唯自心見外所分別心迴轉故，是故我說名爲解脫。大慧！言解脫者非是滅法，是故汝今問：『我若不知本際云何得解脫者？』此問不成。大慧！言本際者，是分別心一體異名。大慧！離分別心更無衆生，即此分別名爲衆生。大慧！真實智慧觀内外法，無法可知、能知故。大慧！以一切法本際來寂靜。大慧！不如實知唯自心見虛妄分別，是故生於分別之心，如實知者不生分別。」

爾時，世尊重說偈言：

觀察於諸佛，譬如恒河沙，不滅亦不生，彼人能見佛。

遠離諸塵垢，如恒河河沙，隨順流不變，法身亦如是。

【入楞伽經卷第八】

剎那品第十四

爾時，聖者大慧菩薩摩訶薩復白佛言：「世尊！惟願如來、應、正徧知爲我說，善逝爲我說一切法生滅之相。云何如來說一切法念念不住？」佛告大慧菩薩言：「善哉，善哉！善哉大慧！汝今諦聽，當爲汝說。」大慧言：「善哉！世尊！唯然受教。」

佛告大慧：「一切法，一切法者，所謂善法、不善法，有爲法、無爲法，世間法、出世間法，有漏法、無漏法，內法、外法。大慧！略說五陰法。因心意意識熏習增長，諸凡夫人依心意意識熏習故，分別善不善法。

大慧！聖人現證三昧三摩跋提無漏善法樂行，大慧！是名善法。復次，大慧！言善不善法者，所謂八識，何等爲八？一者阿梨耶識，二者意，三者意識，四者眼識，五者耳識，六者鼻識，七者舌識，八者身識。大慧！五識身共意識身，善不善法展轉差別相續，體無差別身，隨順生法生已還滅，不知自心見虛妄境界，即滅時能取境界形相、大小、勝妙之狀。大慧！意識共五識身相應生，一念時不住，是故我說彼法念時不住。」

「大慧！言刹尼迦者，名之爲空；阿梨耶識名如來藏，無共意轉識熏習故，名之爲空。具足無漏熏習法故，名爲不空。大慧！愚癡凡夫不覺不知，執著諸法刹那不住，墮在邪見而作是言：『無漏之法亦刹那不住，破彼真如如來藏故。』大慧！五識身者不生六道、不受苦樂，不作涅槃因。大慧！如來藏不受苦樂，非生死因，餘法者共生共滅，依於四種熏習醉故；而諸凡夫不覺不知邪見熏習，言一切法刹那不住。復次，大慧！金剛如來藏，如來證法非刹那不住。大慧！如來證法若刹那不住者，一切聖人不成聖人。大慧！非非聖人，以聖人故。大慧！今金剛住於一劫，稱量等住不增不減。大慧！云何愚癡凡夫分別諸法，言剎那不住？而諸凡夫不得我意，不覺不知內外諸法念念不住。」

大慧復白佛言：「世尊！如來常說滿足六波羅蜜法得阿耨多羅三藐三菩提，世尊！何等爲六波羅蜜？云何滿足？」

佛告大慧菩薩言：「大慧！波羅蜜差別有三種，謂世間波羅蜜，出世間波羅蜜，出世間上上波羅蜜。」

「大慧！言世間波羅蜜者，愚癡凡夫執著我、我所法墮於二邊，爲於種種勝妙境界行波羅蜜，求於色等境界果報。大慧！愚癡凡夫行尸波羅蜜、羼提波羅蜜、毗梨耶波羅蜜、禪波羅蜜、般若波羅蜜，乃至生於梵天求五神通世間之法。大慧！是名世間諸波羅蜜。」

「大慧！言出世間波羅蜜者，謂聲聞、辟支佛取聲聞、辟支佛涅槃心，修行波羅蜜。大慧！如彼世間愚癡凡夫，爲於自身求涅槃樂，而行世間波羅蜜行；聲聞、緣覺亦復如是，爲自身故求涅槃樂，行出世間波羅蜜行，而乃求彼非究竟樂。」

「大慧！出世間上上波羅蜜者，如實能知但是自心虛妄分別見外境界，爾時實知惟是自心見內外法，不分別虛妄分別，不取內外自心色相故；菩薩摩訶薩如實能知一切法故行檀波羅蜜，爲令一切衆生得無怖畏安隱樂故，是名檀波羅蜜。大慧！菩薩觀彼一切諸法，不生分別隨順清涼，是名尸波羅蜜。大慧！菩薩離分別心忍，彼修行如實而知能取、可取境界非實，是名菩薩羼提波羅蜜。大慧！菩薩云何修精進行？初、中、後夜常勤修行，隨順如實法斷諸分別，是名毗梨耶波羅蜜。大慧！菩薩離於分別心，不隨外道能取、可取境界之相，是名禪波羅蜜。大慧！何者菩薩般若波羅蜜？菩薩如實觀察自心分別之相，不見分別、不墮二邊，依如實修行轉身，不見一法生、不見一法滅，自身內證聖行修行，是名菩薩般若波羅蜜。大慧！波羅蜜義如是滿足者，得阿耨多羅三藐三菩提。」

爾時，世尊重說偈言：

空無常剎那，愚分別有爲，如河燈種子，空無常剎那，

分別剎那義，剎那亦如是。剎尼迦不生，寂靜離所作，
一切法不生，我說剎那義。初生即有滅，不爲凡夫說，
分別相續法，妄想見六道。若無明爲因，能生諸心者，
乃至色未生，中間依何住？即生即有滅，餘心隨彼生，
色不一念住，觀於何法生？依何因生法？心無因而生，
是故生不成，云何知念壞？修行者證定，金剛佛舍利，
光音天宮殿，世間不壞事。其如證法實，如來智成就，
比丘證平等，云何念不住？犍闥婆幻色，何故念不住？
無四大見色，四大何所爲？

【入楞伽經卷第八】

化品第十五

爾時，聖者大慧菩薩摩訶薩復白佛言：「世尊！如佛世尊與諸羅漢授阿耨多羅三藐三菩提記，如來復說：『諸佛如來不入涅槃。』復說：『如來、應、正徧知，何等夜證大菩提，何等夜入般涅槃，於其中間不說一字。』如來復說：『諸佛如來常入無覺、無觀、無分別定。』復言：『作諸種種應化度諸衆生。』世尊復說：『諸識念念差別不住，金剛密迹常隨侍衛。』復說：『世間本際難知。』復言：『衆生入般涅槃，若入涅槃應有本際。』復說：『諸佛無有怨敵而見諸魔。』復說：『如來斷一切障。』而見旃遮摩那毗孫陀梨等謗佛，入娑梨那村，竟不得食空鉢而出。世尊！若如是者如來便有無量罪業，云何如來不離一切諸罪過惡，而得阿耨多羅三藐三菩提一切種智？」佛告聖者大慧菩薩言：「善哉，善哉！善哉大慧！汝今諦聽，當為汝說。」大慧白佛言：「善哉！世尊！唯然受教。」

佛告大慧：「我為曾行菩薩行諸聲聞等依無餘涅槃而與授記。大慧！我與聲聞授記者，為怯弱眾生生勇猛心。大慧！此世界中及餘佛國有諸眾生行菩薩行，而復樂於聲聞法行，為轉彼取大菩提，應化佛為應化聲聞授記，非報佛、法身佛而授記莂。大慧！聲聞、辟支佛涅槃無差別，何以故？斷煩惱無差異故，斷煩惱障非斷智障。復次，大慧！見法無我斷於智障，見人無我斷煩惱障。大慧！轉意識故斷法障、業障，以轉意阿梨耶識熏習故究竟清淨。」

「大慧！我常依本法體而住更不生法，依本名字章句不覺不思而說諸法。大慧！如來常如意知、常不失念，是故如來無覺、無觀，諸佛如來離四種地已，遠離二種死、二種障、二種業故。大慧！七種識，意、意識、眼、耳、鼻、舌、身念念不住，因虛妄熏習離無漏諸善法故。大慧！如來藏世間不生不死、不來不去，常恆清涼不變。復次，大慧！依如來藏故有世間涅槃苦樂之因，而諸凡夫不覺不知，而墮於空，虛妄顛倒。」

「大慧！金剛密迹常隨侍衞，應化如來前後圍遶，非法佛、報佛根本如來、應、正徧知。大慧！根本如來遠離諸根大小諸量，遠離一切凡夫、聲聞、辟支佛等。大慧！如實修行得彼真如樂行境界者，知根本佛，以得平等法忍故，是故金剛密迹隨應化佛。大慧！應化佛者無業、無謗，而應化佛不異法佛、報佛、如來，而亦不一；如陶師鹽等作所作事，應化佛作化衆生事，異真實相說法，不說內所證法聖智境界。復次，大慧！一切凡夫、外道、聲聞、辟支佛等，見六識滅墮於斷見；不見阿梨耶識墮於常見。復次，大慧！不見自心分別本際，是故世間名無本際。大慧！遠離自心分別見者，名爲解脫得涅槃證。大慧！諸佛如來遠離四種熏習氣故，是故無過。」

爾時，世尊重說偈言：

三乘及非乘，諸佛無量乘，一切記佛地，說諸煩惱斷。
內身證聖智，及無餘涅槃，誘進怯衆生，是故隱覆說。
如來得證智，亦說於彼道，衆生依入道，二乘無涅槃。
見欲色及有，及四種熏地，意識亦所生，見意識共住。
見意眼識等，常無常斷滅，常見依意等，而起涅槃見。

【入楞伽經卷第八】

遮食肉品第十六

爾時，聖者大慧菩薩摩訶薩白佛言：「世尊！我觀世間生死流轉，怨結相連墮諸惡道，皆由食肉，更相殺害增長貪瞋不得出離，甚爲大苦。世尊！食肉之人斷大慈種，修聖道者不應得食。世尊！諸外道等說邪見法盧迦耶陀墮俗之論，墮於斷常、有無見中皆遮食肉，自己不食、不聽他食，云何如來清淨法中，修梵行者自食、他食一切不制？如來世尊於諸衆生慈悲一等，云何而聽以肉爲食？善哉！世尊！哀愍世間願爲我說食肉之過、不食功德，我及一切諸菩薩等，聞已得依如實修行廣宣流布，令諸現在、未來衆生一切識知。」

佛告聖者大慧菩薩言：「善哉，善哉！善哉大慧！汝大慈悲愍衆生故能問此義，汝今諦聽，當爲汝說。」大慧菩薩白佛言：「善哉！世尊！唯然受教。」

佛告大慧：「夫食肉者有無量過，諸菩薩摩訶薩修大慈悲不得食肉，食與不食功德，罪過我說少分，汝今諦聽。大慧！我觀衆生從無始來食肉習故，貪著肉味更相殺害，遠離賢聖受生死苦；捨肉味者聞正法味，於菩薩地如實修行速得阿耨多羅三藐三菩提，復令衆生入於聲聞、辟支佛地止息之處，息已令入如來之地。大慧！如是等利慈心爲本，食肉之人斷大慈種，云何當得如是大利？是故，大慧！我觀衆生輪迴六道，同在生死共相生育，遞爲父母兄弟姊妹，若男若女中表內外六親眷屬，或生餘道、善道、惡道常爲眷屬；以是因緣，我觀衆生更相噉肉無非親者，由貪肉味遞互相噉，常生害心增長苦業，流轉生死不得出離。」

佛說是說，諸惡羅刹聞佛所說，悉捨惡心止不食肉，遞相勸發慈悲之心，護眾生命過自護身，捨離一切諸肉不食，悲泣流淚而白佛言：「世尊！我聞佛說諦觀六道，我所噉肉皆是我親，乃知食肉，眾生大怨斷大慈種，長不善業是大苦本。世尊！我從今日斷不食肉，及我眷屬亦不聽食，如來弟子有不食者，我當晝夜親近擁護，若食肉者，我當與作大不饒益。」

佛言：「大慧！羅剎惡鬼常食肉者，聞我所說尚發慈心捨肉不食，況我弟子行善法者當聽食肉！若食肉者，當知即是眾生大怨斷我聖種。大慧！若我弟子聞我所說，不諦觀察而食肉者，當知即是旃陀羅種，非我弟子，我非其師。是故，大慧！若欲與我作眷屬者，一切諸肉悉不應食。復次，大慧！菩薩應觀一切是肉？皆依父母膿血不淨赤白和合生不淨身，是故菩薩觀肉不淨，不應食肉。」

「復次，大慧！食肉之人，眾生聞氣悉皆驚怖逃走遠離，是故菩薩修如實行，為化眾生不應食肉。大慧！譬如旃陀羅、獵師、屠兒、捕魚鳥人一切行處，眾生遙見作如是念：『我今定死，而此來者是大惡人，不識罪福斷衆生命，求現前利今來至此爲覓我等，今我等身悉皆有肉，是故今來我等定死。』大慧！由人食肉能令衆生見者皆生如是驚怖。」

「大慧！一切虛空地中衆生，見食肉者皆生驚怖，而起疑念：『我於今者爲死、爲活？如是惡人不修慈心，亦如豺狼遊行世間常覓肉食，如牛噉草、蜣蜋逐糞不知飽足，我身是肉正是其食不應逢見。』即捨逃走離之遠去，如人畏懼羅剎無異。大慧！食肉之人能令衆生見者皆生如是驚怖，當知食肉衆生大怨，是故菩薩修行慈悲，爲攝衆生不應食彼，非聖慧人所食之味，惡名流布聖人呵責。是故，大慧！菩薩爲攝諸衆生故不應食肉。」

「復次，大慧！菩薩爲護衆生信心不應食肉。何以故？大慧！言菩薩者，衆生皆知是佛如來慈心之種，能與衆生作歸依處，聞者自然不生疑怖，生親友想、善知識想、不怖畏想，言得歸依處、得安隱處、得善導師。大慧！由不食肉能生衆生如是信心，若食肉者衆生即失一切信心，便言世間無可信者，斷於信根。是故，大慧！菩薩爲護衆生信心，一切諸肉悉不應食。」

「復次，大慧！我諸弟子爲護世間謗三寶故不應食肉，何以故？世間有人見食肉故，謗毀三寶作如是言：『於佛法中，何處當有真實沙門、婆羅門修梵行者？捨於聖人本所應食，食衆生肉，猶如羅刹食肉滿腹醉眠不動；依世凡夫豪貴勢力覓肉食噉，如羅刹王驚怖衆生。』是故處處唱如是言：『何處有真實沙門、婆羅門修淨行者？無法、無沙門、無毗尼、無淨行者。』生如是等無量無邊惡不善心，斷我法輪、絕滅聖種，一切皆由食肉者過。是故，大慧！我弟子者，爲護惡人毀謗三寶，乃至不應生念肉想，何況食噉！」

「復次，大慧！菩薩爲求清淨佛土教化衆生不應食肉，應觀諸肉如人死屍，眼不欲見不用聞氣，何況可嗅而著口中！一切諸肉亦復如是。大慧！如燒死屍臭氣不淨，與燒餘肉臭穢無異，云何於中有食不食？是故，大慧！菩薩爲求清淨佛土教化衆生不應食肉。」

「復次，大慧！菩薩爲求出離生死，應當專念慈悲之行，少欲知足厭世間苦速求解脫，當捨憒鬧就於空閑，住屍陀林、阿蘭若處，塚間樹下獨坐思惟，觀諸世間無一可樂，妻子眷屬如枷鎖想，宮殿臺觀如牢獄想，觀諸珍寶如糞聚想，見諸飲食如膿血想，受諸飲食如塗癰瘡，趣得存命繫念聖道不爲貪味，酒、肉、葱、韭、蒜、薤臭味悉捨不食。大慧！若如是者是真修行，堪受一切人、天供養；若於世間不生厭離，貪著滋味、酒、肉、葷、辛，得便噉食，不應受於世間信施。」

「復次，大慧！有諸衆生過去曾修無量因緣，有微善根得聞我法，信心出家在我法中，過去曾作羅刹眷屬，虎、狼、師子、貓、狸中生，雖在我法，食肉餘習，見食肉者歡喜親近，入諸城邑、聚落、塔寺飲酒噉肉以爲歡樂，諸天下觀猶如羅刹爭噉死屍等無有異，而不自知已失我衆成羅刹眷屬，雖服袈裟剃除鬚髮，有命者見心生恐怖如畏羅刹。是故，大慧！若以我爲師者，一切諸肉悉不應食。」

「復次，大慧！世間邪見諸咒術師，若其食肉咒術不成，爲成邪術尚不食肉，況我弟子爲求如來無上聖道出世解脫，修大慈悲精勤苦行猶恐不得！何處當有如是解脫，爲彼癡人食肉而得？是故，大慧！我諸弟子爲求出世解脫樂故不應食肉。」

「復次，大慧！食肉能起色力食味，人多貪著，應當諦觀一切世間有身命者，各自寶重畏於死苦，護惜身命人畜無別，寧當樂存疥癩野干身，不能捨命受諸天樂，何以故？畏死苦故。大慧！以是觀察死爲大苦是可畏法，自身畏死云何當得而食他肉？是故，大慧！欲食肉者先自念身，次觀衆生不應食肉。」

「復次，大慧！夫食肉者諸天遠離，何況聖人！是故菩薩爲見聖人，當修慈悲不應食肉。大慧！食肉之人睡眠亦苦、起時亦苦，若於夢中見種種惡，驚怖毛豎心常不安，無慈心故乏諸善力；若其獨在空閑之處，多爲非人而伺其便，虎、狼、師子亦來伺求欲食其肉，心常驚怖不得安隱。復次，大慧！諸食肉者貪心難滿，食不知量不能消化，增益四大，口氣腥臊，腹中多有無量惡蟲，身多瘡癬、惡癩病疾種種不淨，現在凡夫不喜聞見，何況未來無病香潔人身可得！」

「復次，大慧！我說凡夫爲求淨命噉於淨食，尚應生心如子肉想，何況聽食非聖人食！聖人離者以肉能生無量諸過，失於出世一切功德，云何言我聽諸弟子食諸肉血不淨等味？言我聽者是則謗我。大慧！我聽弟子食諸聖人所應食食，非謂聖人遠離之食，聖食能生無量功德遠離諸過。大慧！過去、現在聖人食者，所謂粳米、大小麥豆、種種油蜜、甘蔗、甘蔗汁、饔陀、末干提等，隨時得者聽食爲淨。」

「大慧！於未來世有愚癡人，說種種毗尼言得食肉，因於過去食肉熏習愛著肉味，隨自心見作如是說，非佛聖人說爲美食。大慧！不食肉者，要因過去供養諸佛種諸善根，能信佛語、堅住毗尼、信諸因果，至於身口能自節量，不爲世間貪著諸味，見食肉者能生慈心。大慧！我憶過去有王名師子奴，食種種肉愛著肉味，次第乃至食於人肉，因食人肉，父母、兄弟、妻子、眷屬皆悉捨離，一切臣民國土聚落即便謀反共斷其命。以食肉者有如是過，是故不應食一切肉。」

「復次，大慧！自在天王化身爲鴿，釋提桓因是諸天主，因於過去食肉習氣，化身作鷹驚逐此鴿，鴿來投我，我於爾時作尸毗王，憐愍衆生更相食噉，稱己身肉與鷹代鴿，割肉不足身上秤上，受大苦惱。大慧！如是無量世來食肉熏習，自身、他身有如是過，何況無愧常食肉者！大慧！復有餘王不食肉者，乘馬遊戲，爲馬驚波牽入深山，失於侍從不知歸路，不食肉故師子、虎、狼見無害心，與雌師子共行欲事乃至生子。斑足王等，以過去世食肉熏習，及作人王亦常食肉，在七家村多樂食肉，食肉太過遂食人肉，生諸男女盡爲羅刹。大慧！食肉衆生依於過去食肉熏習，多生羅刹、師子、虎、狼、豺、豹、貓、狸、鵄梟、雕、鷲、鷹、鷂等中，有命之類各自護身不令得便；受飢餓苦常生惡心念食他肉，命終復墮惡道受生，人身難得何況當有得涅槃道！」

「大慧當知！食肉之人有如是等無量諸過，不食肉者即是無量功德之聚。大慧！而諸凡夫不知如是食肉之過、不食功德，我今略說不聽食肉。大慧！若一切人不食肉者，亦無有人殺害衆生，由人食肉若無可食處處求買，爲財利者殺以販賣爲買者殺，是故買者與殺無異，是故食肉能障聖道。大慧！食肉之人愛著肉味，至無畜生乃食人肉，何況麞、鹿、雉、兔、鵝、雁、豬、羊、雞、狗、駝、驢、象、馬、龍、蛇、魚、鱉，水陸有命得而不食；由著肉味設諸方便殺害衆生，造作種種罝羅機網，羅山、罝地、截河、堰海，徧諸水陸安置罟網、機撥、坑埳、弓刀、毒箭間無空處，虛空地水種種衆生皆被殺害，爲食肉故。大慧！獵師、屠兒、食肉人等，惡心堅固能行不忍，見諸衆生形體鮮肥膚肉充悅生食味心，更相指示言是可噉，不生一念不忍之心，是故我說食肉之人斷大慈種。」

「大慧！我觀世間無有是肉而非命者，自己不殺，不教人殺，他不爲殺，不從命來而是肉者，無有是處；若有是肉不從命出而是美食，我以何故不聽人食，徧求世間無如是肉，是故我說食肉是罪斷如來種，故不聽食。」

「大慧！我涅槃後於未來世法欲滅時，於我法中有出家者剃除鬚髮，自稱：『我是沙門釋子。』被我袈裟癡如小兒，自稱律師墮於二邊，種種虛妄覺觀亂心貪著肉味，隨自心見，說：『毗尼中言得食肉。』亦謗我言：

『諸佛如來聽人食肉。』亦說：『因制，而聽食肉。』亦謗我言：『如來世尊亦自食肉。』大慧！我於象腋、央掘魔、涅槃、大雲等一切修多羅中不聽食肉，亦不說肉入於食味。大慧！我若聽諸聲聞弟子肉爲食者，我終不得口常讚歎修大慈悲行如實行者，亦不讚歎屍陀林中頭陀行者，亦不讚歎修行大乘住大乘者，亦不讚歎不食肉者，我不自食、不聽他食，是故我勸修菩薩行歎不食肉，勸觀衆生應如一子，云何唱言我聽食肉？我爲弟子修三乘行者速得果故，遮一切肉悉不聽食，云何說言：『我毗尼中聽人食肉？』又復說言，『如來餘修多羅中，說三種肉聽人食』者，當知是人不修毗尼次第斷故唱言得食。何以故？大慧！肉有二種，一者他殺，二者自死。以世人言有肉得食、有不得者，象、馬、龍、蛇、人、鬼、獼猴、豬、狗及牛，言不得食，餘者得食，屠兒不問得食不得，一切盡殺處處衒賣，衆生無過橫被殺害，是故我制，他殺、自死悉不得食；見、聞、疑者所謂他殺，不見、聞、疑者所謂自死。」

「是故，大慧！我毗尼中唱如是言：『凡所有肉，於一切沙門釋子皆不淨食，污清淨命、障聖道分，無有方便而可得食。』若有說言：『佛毗尼中說三種肉，爲不聽食，非爲聽食。』當知是人堅住毗尼是不謗我。大慧！今此楞伽修多羅中，一切時、一切肉，亦無方便而可得食。是故，大慧！我遮食肉不爲一人，現在、未來一切不得。是故，大慧！若彼癡人自言律師，言：『毗尼中聽人食肉。』亦謗我言：『如來自食。』彼愚癡人成大罪障，長夜墮於無利益處、無聖人處、不聞法處，亦不得見現在、未來賢聖弟子，況當得見諸佛如來！大慧！諸聲聞人常所應食，米、麵、油、蜜、種種麻豆能生淨命，非法貯畜、非法受取，我說不淨尚不聽食，何況聽食血肉不淨！

「大慧！我諸聲聞、辟支佛、菩薩弟子食於法食，非食飲食，何況如來！大慧！諸佛如來法食法住非飲食身，非諸一切飲食住身，離諸資生愛有求等，遠離一切煩惱習過，善分別知心心智慧一切智一切見，見諸衆生平等憐愍。是故，大慧！我見一切諸衆生等猶如一子，云何而聽以肉爲食？亦不隨喜，何況自食？大慧！如果一切葱、韭、蒜、薤臭穢不淨能障聖道，亦障世間人天淨處，何況諸佛淨土果報！酒亦如是能障聖道、能損善業、能生諸過。是故，大慧！來聖道者酒、肉、葱、韮及蒜、薤等能熏之味悉不應食。」

爾時，世尊重說偈言：

大慧菩薩問，酒肉葱韮蒜，佛言是不淨，一切不聽食。
羅剎等食噉，非聖所食味，食者聖呵責，及惡名流布。
願佛分別說，食不食罪福。大慧汝諦聽，我說食中過。
酒肉葱韮蒜，是障聖道分，我觀三界中，及得聖道衆，
無始世界來，展轉莫非親，云何於其中，而有食不食？
觀肉所從來，出處最不淨，膿血和雜生，屎尿膿涕合，
修行淨行者，當觀不應食。種種肉及葱，酒亦不得飲，
種種韮及蒜，修行常遠離。常遠離麻油，穿孔床不眠，
飛揚諸細蟲，斷害他命故。肉食長身力，由力生邪念，

邪念生貪欲，故不聽食肉。由食肉生貪，貪心致迷醉，
迷醉長愛欲，不解脫生死。為利殺衆生，為肉追錢財，
彼二人惡業，死墮叫喚獄。三種名淨肉，不見聞不疑，
世無如是肉，生墮食肉中。臭穢可厭患，常生顛狂中，
多生旃陀羅，獵師屠兒家，或生羅剎女，及諸食肉處，
羅剎貓狸等，食肉生彼中，象腋與大雲，涅槃勝鬘經，
及入楞伽經，我不聽食肉。諸佛及菩薩，聲聞亦呵責，
食肉無慚愧，生生常顛狂。先說見聞疑，已斷一切肉，
妄想不覺知，故生食肉想。如彼貪欲過，障礙聖解脫，
酒肉葱韮蒜，悉為聖道障。未來世衆生，於肉愚癡說，
言此淨無罪，佛聽我等食。淨食如藥想，猶如食子肉，
知足生厭離，修行行乞食。安住慈心者，我說常厭離，
師子豺虎狼，恒可同遊止。食肉見者怖，云何而可食？
是故修行者，慈心不食肉。食肉斷慈心，離涅槃解脫，

及違聖人教，故不聽食肉。不食生梵種，及諸修行道。
智慧及富貴，斯由不食肉。

陀羅尼品第十七

【入楞伽經卷第八】

爾時，世尊告聖者大慧菩薩摩訶薩言：「大慧！汝應諦聽，受持我《楞伽經》咒，是咒過去、未來、現在諸佛已說、今說、當說。大慧！我今亦說，爲諸法師受持、讀誦《楞伽經》者而說咒曰：

兜諦兜諦　祝諦祝諦　蘇頗諦蘇頗諦　迦諦迦諦　阿摩利　阿摩諦

毗摩梨毗摩梨　尼彌尼彌　奚彌奚彌　婆迷婆迷　歌梨歌梨　歌

羅歌梨　阿[齒*齊]摩[齒*齊]遮[齒*齊]兜[齒*齊]　讓[齒*齊]　蘇弗[齒*齊]　葛弟葛弟　波弟波弟

奚咻奚咻地咻地咻　羅制羅制　波制波制　槃弟槃弟　阿制彌制
竹荼梨兜荼弟　波羅弟　過計過計　斫計斫計梨利　爾犀咻　屎
咻　奚咻奚咻　晝晝晝晝　抽畜抽畜　紬紬紬紬　除除除除　蘇婆
呵

「大慧！是名《楞伽大經》中咒文句，善男子、善女人、比丘、比丘尼、優婆塞、優婆夷等，能受持讀此文句爲人演説，無有人能覓其罪過；若天，天女，若龍、龍女，若夜叉、夜叉女，阿修羅、阿修羅女，迦樓羅、迦樓羅女，緊那羅、緊那羅女，摩睺羅伽、摩睺羅伽女，浮多、浮多女，鳩槃荼、鳩槃荼女，毗舍闍、毗舍闍女，嗚多羅、嗚多羅女，阿波羅、阿波羅女，羅刹、羅刹女，荼伽、荼伽女，嗚周何羅、嗚周何羅女，伽吒福多羅、伽吒福多羅女，若人、非人，若人女、非人女，不能覓其過。若有惡鬼神損害人，欲速令彼惡鬼去者，一百徧轉此陀羅尼咒，彼諸惡鬼驚怖號哭疾走而去。」

佛復告大慧：「大慧！我為護此護法法師，更說陀羅尼，而說咒：

波頭彌　波頭彌提婢　奚尼奚尼奚禰諸梨　諸羅　諸麗　侯羅　侯

麗　由麗　由羅　由麗　波麗　波羅　波麗　闍制　瞋迭頻迭槃逝

末迭遲那迦梨蘇波呵

「大慧！是陀羅尼咒文句，若善男子、善女人受持、讀誦、為人演說，無人能得與作過失：若天、若天女，若龍、若龍女，若夜叉、夜叉女，阿修羅、阿修羅女，迦樓羅、迦樓羅女，緊那羅、緊那羅女，摩睺羅伽、摩睺羅伽女，犍闥婆、犍闥婆女，浮多、浮多女，鳩槃茶、鳩槃茶女，毗舍闍、毗舍闍女，嗚多羅、嗚多羅女，阿拔摩羅、阿拔摩羅女，羅叉、羅叉女，嗚闥阿羅、嗚闥阿羅女，伽吒福單那、伽吒福單那女，若人、若非人，若人女、非人女，彼一切不能得其過失。大慧！若有人能受持、讀誦此咒文句，彼人得名誦一切《楞伽經》。是故我說此陀羅尼句，為遮一切諸羅剎，護一切善男子、善女人護持此經者。」

【入楞伽經卷第九】

總品第十八之一

爾時，世尊欲重宣此修多羅深義而說偈言：

如夏諸禽獸，迷惑心見波，諸禽獸愛水，波水無實事。
如是識種子，見諸境界動，諸愚癡衆生，如眼�見物。
思惟可思惟，及離能思惟，見實諦分別，能知得解脫。
是諸法非堅，虛妄分別生，虛妄分別空，依彼空分別。
五陰識等法，如水中樹影，如見幻夢等，識中莫分別。

幻起　機關，夢電雲常爾，絕三相續法，衆生得解脫。
依諸邪念法，是故有識生，八九種種識，如水中諸波。
依熏種子法，常堅固縛身，心流轉境界，如鐵依磁石。
依止諸衆生，真性離諸覺，遠離諸作事，離知可知法。
行如幻三昧，出諸十地行，汝觀心王法，離心境識相。
時知心常轉，即住恆不變，住蓮華宮殿，如幻境界相。
住彼勝處已，得諸自在行，如摩尼現色，作度衆生業。
無有爲無爲，除諸分別心，愚癡無智取，如石女夢兒。
寂靜及無生，五陰人相續，因緣諸境界，空有及非有。
我說諸方便，無如是實相，愚癡取實有，無能相可相。
我覺一切法，而不覺一切，我有一切智，而無一切智。
凡夫愚分別，自言世智者，我未曾覺知，亦不覺衆生。
一切法惟心，諸陰如毛輪，諸相畢竟無，何處有分別？
本無如生物，諸緣中亦無，石女兒空華，若能見有爲，

爾時見可見，見迷法即住。我不入涅槃，不滅諸相業，
滅諸分別識，此是我涅槃。非滅諸法相，愚癡妄分別，
如瀑水竭盡，爾時波不生。如種種識滅，滅而不復生，
空及無體相，如幻本不生。有無離有無，此諸法如夢
我說一實法，離於諸覺觀。聖人妙境界，離二法體相。
如見螢火相，種種而無實。世間見四大，種種亦如是，
如依草木石，示現諸幻相。彼幻無是相，諸法體如是，
無取著可取，無解脫無縛。如幻如陽焰，如夢眼中翳，
若如是實見，離諸分別垢。即住如實定，彼見我無疑，
此中無心識，如虛空陽焰。如是知諸法，而不知一法，
離有無諸緣，故諸法不生。三界心迷惑，是故種種現，
夢及世間法，此二法平等。可見與資生，諸觸及於量，
身無常世間，種種色亦爾。世間尊者說，如是所作事，
心三界種子，迷惑見現未。如世間分別，無如是實法，

見世間如是，能離諸生死。生及與不生，愚癡迷惑見，
不生及不滅，修智慧者見。阿迦尼妙境，離諸惡行處，
常無分別行，離諸心數法。得力通自在，到諸三昧處，
彼處成正覺，化佛此中成。諸法不生滅，諸法如是體，
應化無量億，彼體中出世。愚人聞佛法，如響不思議，
遠離初中後，及離有無法。徧不動清淨，無諸相現相，
識性覆法身，一切身中有。迷惑是幻有，幻非迷惑因，
心無迷惑法，亦非不少有。心依二法縛，阿梨耶識起，
但心如是見，我法如瀑水。觀世間如是，爾時轉諸心，
乃是我真子，成就實法行。煖濕及堅動，愚分別諸法，
非實專念有，無能相可相。八種物一身，形相及諸根，
愚分別諸色，迷惑身羅網。諸因緣和合，愚癡分別生，
不知如是法，流轉三界中。諸法及言語，是衆生分別，
而諸法是無，如化如夢等。觀諸法如是，不住世涅槃，

心種種種子，現見心境界。可見分別生，愚癡樂二法，
無智愛及業，是心心法因。依他力法生，故說他力法，
依法分別事，心迷惑境界。故不成分別，迷惑邪分別，
心依因緣縛，是故生諸身。若離諸因緣，我說不見法，
離諸因緣法，離於諸法相，不住諸法中，我說不見境。
如王長者等，以種種禽獸，會集澤野中，以示於諸子。
我如是諸相，種種鏡像法，內身智爲子，說於實際法。
如大海波浪，從風因緣生，能起舞現前，而無有斷絕。
阿梨耶識常，依風境界起，種種水波識，能舞生不絕。
能取可取相，衆生見如是，可見無諸相，毛道如是見。
阿梨耶本識，意及於意識，離可取能取，我說如是相。
五陰中無我，及無人衆生，生即諸識生，滅即諸識滅。
如畫中高下，可見無如是，如是諸物體，見無如是相。
如犍闥婆城，禽獸渴愛水，如是可見見，智觀無如是。

離可量及想，非因亦非果，離能覺所覺，離能見可見。
依陰因緣覺，無人見可見，若不見可見，云何修彼法？
因緣因譬喻，立意及因緣，夢犍闥婆輪，陽焰及日月。
光焰幻等喻，我遮諸法生，如夢幻迷惑，空分別衆生。
不依於三界，內外亦皆無，見諸有不生，乃得無生忍。
得如幻三昧，及於如意身，諸通及自在，力心種種法。
諸法本不生，空無法體相，彼人迷不覺，隨因緣生滅。
如愚癡分別，心見於自心，見外種種相，實無可見法。
見骨相佛像，及諸大離散，善覺心能知，住持世間相。
身住持資生，可取三種境，識取識境界，意識分別三。
分別可分別，所有字境界，不能見實法，彼覺迷不見。
諸法無自體，智慧者能覺，行者爾乃息，住於無相處。
如墨圖於雞，愚取是我雞，如癡凡夫取，三乘同是一。
無諸聲聞人，亦無辟支佛，所見聲聞色，及見諸如來，

諸菩薩大慈，示現是化身。三界唯是心，離三種體相，
轉變彼諸相，彼即是真如。法及人行相，日月光焰熾，
大諸摩尼寶，無分別作事，諸佛法如是。如翳取毛輪，
如是分別法，愚癡虛妄取。離於生住滅，及離常無常，
可見染淨去，如空中毛輪。如中莨菪人，見諸像大地，
一切如金色，彼不曾有金。如是愚癡人，無始心法染，
幻陽焰生有，愚人取爲實。一子及無子，大海是一子，
亦是無量子，汝觀心種子。一子如清淨，轉於無種子，
平等無分別，起即是生死。能生種種子，是故說種子，
因緣不生法，因緣不滅法。生法惟因緣，心如是分別，
三界惟假名，實無事法體。妄覺者分別，取假名爲實，
觀諸法實體，我不遮迷惑。實體不生法，觀是得解脫。
我不見幻無，說諸法是有，顛倒速如電，是故說如幻。
非本生始生，諸因緣無體，無有處及體，惟有於言語。

不遮緣生滅，不遮緣和合，遮諸愚癡見，分別因緣生。
實無識體法，無事及本識，愚癡生分別，如死　惡覺。
三界但是心，諸佛子能見，即得種類身，離作有爲法。
得力通自在，及共相應法，現諸一切色，心法如是生。
而無心及色，無始心迷惑，爾時修行者，得見於無相。
智慧中觀察，不見諸衆生，相及事假名，意取諸動法。
我諸子過是，無分別修行。犍闥婆城幻，毛輪及陽焰，
無實而見實，諸法體如是。如心見諸法，無如是體相。
一切法不生，但見迷惑法，毛道迷分別，以住於二法。
初識生分別，種種熏種子，識如瀑水起，斷彼則不生。
種種念觀法，若但心中生，如虛空壁中，何故而不生？
若有少相觀，心則從緣生，若從因緣生，不得言惟心。
心取於自心，無法無因生，心法體清淨，虛空中無熏。
虛妄取自心，是故心現生，外法無可見，是故說惟心。

本識但是心，意能念境界，能取諸境界，故我說惟心。
心常無記法，意二邊取相，取現法是識，彼是善不善。
離二種識相，是第一義門，說三乘差別，寂靜無是相。
若心住寂靜，及行於佛地，是過去佛說，現未亦如是。
初七是心地，寂靜第八地，二地是行處，餘地是我法。
自內身清淨，是我自在地，自在究竟處，何迦尼吒現。
如諸火焰等，而出諸光明，種種心可樂，化作於三界。
或有生有化，而化作三有，彼處說諸法，是我自在地。
諸地無時節，國土轉亦然，過諸心地法，是住寂靜果。
實無而謂實，而見於種種，愚人顛倒取，是種種顛倒。
如無分別智，有事不相應，以心非諸色，是故無分別。
諸禪及無量，及無色三昧，諸相畢竟滅，是故心中無。
須陀洹果法，往來及不還，及諸羅漢果，一切心迷惑。
空無常刹那，愚分別有爲，河種子譬喻，分別刹那義。

剎那無分別，離諸所作法，一切法不生，我說剎那義。
有無說於生，僧佉等妄說，一切法無記，亦是彼人說。
有四種記法，一往答反問，分別差別答，默答遮外道。
世諦一切有，第一義諦無，而實體無相，是第一義諦。
見於虛妄法，是故說世諦，因於言語生，無如是實體。
無事有言語，世諦中實無，是即顛倒事，可見亦是無。
若事顛倒有，寂靜畢竟無，依於顛倒事，及見諸法生。
畢竟定是無，即是無體相，所見諸種種，熏習煩惱生。
心見外迷惑，現取於前境，分別無分別，是空實相法。
如幻像諸相，如樹葉金色，是可見人見，心無明熏習。
聖人不見迷，中間不見實，迷惑即是實，以實即中間。
遠離諸迷惑，若能生諸相，即是其迷惑，如眼翳不淨。
如翳見毛輪，依迷取諸法，於諸境界中，愚癡取是法。
諸法如毛輪，陽炎水迷惑，三界如夢幻，修行得解脫。

分別可分別，能生於分別，縛可縛及因，六種解脫因。
無地及諸諦，無國土及化，佛辟支聲聞，惟是心分別。
人體及五陰，諸緣及微塵，勝人自在作，惟是心分別。
心偏一切處，一切處皆心，以心不善觀，心性無諸相。
五陰中無我，我中無五陰，分別無是法，而彼法非無。
如愚癡分別，有諸一切法，如是見實有，一切應見實。
一切法若無，無染亦無淨，愚癡見如是，彼法不如是。
迷惑分別相，是他力分別，彼相所有名，是名分別相。
名相是分別，因緣事和合，若不生彼心，是第一義相。
報相佛實體，及所化佛相，衆生及菩薩，並十方國土。
習氣法化佛，及作於化佛，是皆一切從，阿彌陀國土。
應化所說法，及報佛說法，修多羅廣說，汝應知密意。
所有佛子說，及於諸如來，是皆化佛說，非淳熟者說。
是諸法不生，而彼法非無，揵闥婆城幻，如夢化相似。

種種隨心轉，惟心非餘法，心生種種生，心滅種種滅。
衆生妄分別，無物而見物，無義惟是心，無分別得脫。
無始世戲論，依止於煩惱，諸分別熏修，是故邪見生。
識無分別義，真如是智境，轉彼是寂靜，是諸聖境界。
觀察義思惟，諸凡夫思惟，念真如思惟，諸佛淨思惟。
分別諸法體，一切法不生，依他力因緣，衆生迷分別。
他力若清淨，離分別相應，轉彼即真如，離分別是行。
莫分別分別，分別是無實，分別迷惑法，取可取不盡。
見外分別境，分別是實體，心分別分別，彼法因緣生。
邪見見外義，無義但是心，觀斟量相應，能滅取可取。
無諸外境界，愚癡妄分別，熏習增長心，似生於諸法。
滅二種分別，真如智境界，生於無法相，不思議聖境。
名相及分別，實體二種相，正智及真如，是成就實體。
依父母和合，阿梨耶意合，如蘇瓶等鼠，共赤白增長。

辟　厚泡瘡，不淨依節盡，業風長四大，如諸果成熟。
五及於五五，及有九種孔，諸毛甲偏覆，如是增長生。
生如糞中蟲，如人睡中寤，眼見色起念，增長生分別。
分別及專念，斷齒脣和合，口始說言語，如鸚鵡弄聲。
諸外道說定，大乘不決定，依衆生心定，邪見不能近。
我乘內證智，妄覺非境界，如來滅世後，誰持爲我說？
如來滅度後，未來當有人。大慧汝諦聽，有人持我法，
於南大國中，有大德比丘，名龍樹菩薩，能破有無見。
爲人說我法，大乘無上法，證得歡喜地，往生安樂國。
智慧觀察法，不見實法體，是故不可說，及說亦無體。
若因緣生法，不得言有無，因緣中有物，愚分別有無。
邪見二邪法，我知離我法，一切法名字，無量劫常學，
以學復更學，迭共相分別。若不說諸名，諸世間迷惑，
是故作名字，爲除迷惑業。依三種分別，愚癡分別法，

依名迷分別，及因緣能生。法不滅不生，自性如虛空，
法無體是體，分別相即體。影像及於幻，陽焰與夢響，
火輪犍闥婆，諸法如是生。不二真如空，實際及法體，
我說無分別，成就彼法相。口心境界虛，實乃立虛妄，
心墮於二邊，是故立分別。有無墮二邊，以在心境界，
遠離諸境界，爾時正滅心。以離取境界，彼滅非有無，
如聖人境界，愚人不能知。有滅住真如，智慧者能見。
如彼諸法住，智慧者能見，法體不如是，以諸法無相。
愚癡人見鐵，分別以爲金，非金而見金，外道取法爾。
本無言始生，始生後還滅，從因緣有無，此說非我教。
無始無終法，無始是相住，似世間住相，邪覺者不知。
過去法是有，未來法非無，現在法亦有，不應言法生。
轉時及行相，諸大及諸根，虛妄取中陰，若取非覺者。
一切佛世尊，不說因緣生，因緣即世間，如犍闥婆城。

但法緣和合，依此法生法，離諸和合法，不滅亦不生。
鏡及於水中，眼及器摩尼，而見諸鏡像，諸影像是無。
如獸愛空水，見諸種種色，種種似如有，如夢石女兒。
我乘非大乘，非聲亦非字，非諦非解脫，非寂靜境界。
而我乘大乘，諸三昧自在，身如意種種，自在花莊嚴。
一體及別體，因緣中無法，略說諸法生，廣說諸法滅。
不生空是一，而生空是二，不生空是勝，生滅即是空。
真如空實際，涅槃與法界，身及意種種，我說異名法。
經毗尼毗曇，分別我清淨，依名不依義，彼不知無我。
非外道非佛，非我亦非餘，從緣成有法，云何無諸法？
何人成就有？從因緣說無，說法生邪見，有無妄分別。
若人見不生，亦見法不滅，彼人離有無，見世間寂靜。
衆生分別見，可見如兔角，分別是迷惑，如禽愛陽焰。
虛妄分別法，依彼分別見，無因緣分別，無因不應分。

無水而取水，如獸妄生愛，愚癡如是見，聖者無如是。
聖人見清淨，以生三解脫，離諸生死法，修行寂靜處。
深快妙方便，知國土妙事，我爲諸子說，不爲諸小乘。
三有是無常，空無我離我，同相及別相，我爲聲聞說。
不著一切法，離世間獨行，我說緣覺果，非思量境界。
分別外實體，從他力故生，見自身迷惑，爾時轉諸心。
十地即初地，初地即八地，九地即七地，七地即八地。
二地即三地，四地即五地，三地即六地，寂靜無次第。
諸法常寂靜，修行者無法，有無法平等，爾時聖得果。
諸法無體相，云何於無法，而能作平等，寂滅無分別？
若不見諸心，內及外動法，爾時滅諸法，已見平等心。
愚無始流轉，取法如懷抱，誑凡夫而轉，如因楔如楔。
依彼因及觀，共意取境界，依於識種子，能作於心因。
修得及住持，隨種類身得，及夢中所得，是通有四種。

夢中所得通，及於諸佛恩，取種類身得，彼通非實通。
熏種子熏心，似有法生轉，愚人不覺知，爲說生諸法。
分別於外物，諸法相成就，爾時心悶沒，不見自迷惑。
何故說於生？何故說無見？不可見而見，願必爲我說。
爲於何等人？說何等法有？爲於何等人？說何等法無？
心體自清淨，意起共諸濁，意及一切識，能作熏種子。
阿梨耶出身，意出求諸法，意識取境界，迷惑見貪取。
自心所見法，外法無外法，如是觀迷惑，常憶念真如。
修禪者境界，業諸佛大事，此三不思議，是智者境界。
過現及未來，涅槃及虛空，我依世諦說，真諦無名字。
二乘及外道，等著於邪見，迷沒於心中，分別於外法。
緣覺佛菩提，羅漢見諸佛，菩提堅種子，及夢中成就。
何處爲何等？云何爲何因？所爲爲何義？惟願爲我說。
幻心去寂靜，有無朋黨說，心中迷堅固，說有幻無幻。

生滅相相應，相可相有無，分別惟是意，共於五種識。
鏡像水波等，從心種子生，若心及於意，而諸識不生。
時得如意身，乃至於佛地，諸緣及陰界，是法自體相。
假名及人心，如夢如毛輪，世間如幻夢，見依止得實。
諸相實相應，離諸斟量因，諸聖人內境，常觀諸妙行。
迷覆斟量因，令世間實解，離一切戲論，智不住迷惑。
諸法無體相，空及常無常，心住於愚癡，迷惑故分別。
說是諸法者，非說於無生，一二及於二，忽然自在有。
依時勝微塵，緣分別世間，世種子是識，依止彼因生。
如依壁畫像，知實即是滅，如人見於幻，見生死亦爾。
愚癡人依闇，縛及解脫生，內外諸種種，諸法及因緣。
如是觀修行，住於寂靜處，熏習中無心，心不共熏習。
心無差別相，熏習纏於心，如垢見熏習，意從於識生。
如帛心意爾，依熏習不顯，如物非無物，我說虛空然。

阿梨耶身中，離於有無物，意識轉滅已，心離於濁法。
覺知一切法，故我説心佛。斷絕於三世，離於有無法，
世法四相應，諸有悉如幻。是二法體相，七地從心生，
餘地亦成就，二地及佛地。色界及無色，欲界及涅槃，
一切心境界，不離於身中，若見諸法生，是生迷惑法。
覺自心迷惑，是不生諸法，無生法體相，生即著世間。
見諸相如幻，法體相如是，自心虛妄取，莫分別諸法。
爲癡無智説，三乘與一乘，及説於無乘，諸聖人寂靜。
我法有二種，相法及於證，四種斟量相，立量相應法。
形及相勝種，見迷惑分別，名字及行處，聖行實清淨。
依分別分別，故有分別相，離分別分別，實體聖境界。
常恒實不變，性事及實體，真如離心法，遠離於分別。
若無清淨法，亦無有於染，以有清淨心，而見有染法。
清淨聖境界，是故無實事，是諸法體相，聖人之境界。

從因生世間，離於諸分別，如幻與夢等，見法得解脫。
煩惱熏種種，共心相應生，衆生見外境，非諸心法體。
心法常清淨，非是迷惑生，迷從煩惱起，是故心不見。
迷惑即真實，餘處不可得，非陰非餘處，觀陰行如實。
離見能見相，若見有爲法，見自心世間，彼人能離相。
莫見唯心法，莫分別外義，住於真如觀，過於心境界。
過心境界已，遠離諸寂靜，修行住寂靜，行者寂靜住。
不見摩訶衍，自然云寂靜。依諸願清淨，智無我寂靜。
應觀心境界，亦觀智境界，智慧觀境界，不迷於相中。
心境界苦諦，智境界是集，二諦及佛地，是般若境界。
得果及涅槃，及於八聖道，覺知一切法，得清淨佛智。
眼色及於明，虛空與心意，如是等和合，識從梨耶生。
能取可取受，無名亦無事，無因分別者，若取於覺者，
於義中無名，名中義亦爾。因無因而生，莫分別分別，

一切法無實，言語亦復然。空不空義爾，愚癡見法是，
妄取於實住，邪見說假名。一法成五種，如實能遠離，
五種是魔法，超越過有無，非修行境界，是外道之法。
不求有邪法，亦無相見我，以作自常法，惟從言語生，
實諦不可說，寂滅見諸法。依止阿梨耶，能轉生意識，
依止依心意，能生於轉識。依虛虛妄成，真如是心法，
如是修行者，能知心性體。分別常無常，意相及於事，
生及與不生，行者不應取。莫分別二法，識從梨耶生，
一義二心生，不知如是生，取一二之法，是凡夫境界。
無說者及說，不空以見心，不見於自心，故生見羅網。
諸因緣不生，諸根亦如是，界及五陰無，無貪無有爲。
本無有作業，不作非有爲，無除亦無縛，無縛無解脫，
無無記無物，無法無非法，無時無涅槃，法體亦如是，
無佛無實諦，無因亦無果，無顛倒無滅，無滅亦無生。

十二支亦無，邊無邊亦爾，離於諸邪見，是故說惟心。
煩惱業及身，作者與果報，如陽焰及夢，犍闥婆城等。
住於心法中，而生諸法相，住於心法中，而見於斷常。
涅槃中無陰，無我亦無相，能入惟是心，解脫不取相。
見他何過失，諸衆生見外，心非有非無，由熏習不顯。
垢中不見白，白中不見垢，如雲蓋虛空，是故心不見。
心能作諸業，智於中分別，慧能觀寂靜，得大妙法體。
心依境界縛，智依覺觀生，寂靜勝境界，慧能於中行。
心意及意識，於相中分別，得無分別體，二乘非諸子。
寂靜勝人相，諸佛智慧淨，能生於勝義，已離諸行相。
分別法體有，他力法是無，迷惑取分別，不分別他力。
非諸大有色，有色非諸大，夢幻犍闥婆，獸渴愛無水。
我有三種慧，得止依聖名，心無法中生，是故心不見。
身資生住持，衆生依熏見，依彼分別相，而說於諸法。

離二乘相應，慧離現法相，虛妄取法故，聲聞見於法。
能入惟是心，如來智無垢，若實及不實，從因緣生法。
一二是取見，畢竟能取著，種種諸因緣，如幻無有實。
如是相種種，不能成分別，依於煩惱相，諸縛從心生。
不知分別法，他力是分別，所有分別體，即是他力法，
種種分別見，於他力分別。世諦第一義，第三無因生，
分別說相續，斷即聖境界。修行者一事，惟心種種見，
彼處無心體，如是分別相。如人眼中翳，分別種種色，
翳非色非色，愚見他力爾。如金離塵垢，如水離泥濁，
如虛空離雲，如是淨分別。聲聞有三種，應化及願生，
離諸貪癡垢，聲聞從法生。菩薩亦三種，諸如來無相，
衆生心心中，見佛如來像。分別無如是，他力法體有，
見有無二邊，見故見分別。若無分別法，他力云何有？
遠離有法體，實有法體生。依止於分別，而見於他力，

依名相和合，而生於分別。常無所成就，他力分別生，
爾時知清淨，第一義實體。分別有十種，他力有六種，
真如是內身，是故無異相。五法是實法，及三種實相，
如是修行者，不壞真如法。星宿雲形像，似於日月體，
諸衆生見心，可見熏習生。諸大無自體，非能見可見，
若色從大生，諸大生諸大。如是不生大，大中無四大，
若果是四大，因是地水等。實及假名色，幻生作亦爾，
夢及揵闥婆，獸愛水第五。一闡提五種，諸性亦如是。
五乘及非乘，涅槃有六種，陰有二十四，色復有八種，
佛有二十四，佛子有二種，度門有百種，聲聞有三種，
諸佛國土一，而佛亦有一，解脫有三種，心慮有四種，
我無我六種，可知境四種。離於諸因緣，亦離邪見過，
知內身離垢，大乘無上法。生及於不生，有八種九種，
一時證次第，立法惟是一。無色有八種，禪差別六種。

緣覺及佛子，能取有七種。無有三世法，常無常亦爾，
作及於業果，如夢中作事。佛從來不生，聲聞佛子爾，
心離於可見，亦常如幻法。胎生轉法輪，出家及兜率，
往諸國土中，可見而不生。去行及衆生，說法及涅槃，
實諦國土覺，從因緣生法。世間諸樹林，無我外道行，
禪乘阿梨耶，證果不思議。月及星宿性，諸王阿修羅，
夜叉犍闥婆，因業而發生。不可思議變，退依熏習緣，
斷絕諸變易，時煩惱罪滅。一切諸菩薩，如實修行者，
不畜諸財寶，金銀及象馬，牛羊奴婢等，米穀與田宅，
不臥穿孔床，不得泥塗地，金銀赤白銅，鉢盂及諸器，
修行淨行者，一切不得畜，憍奢耶衣服，一切不得著。
欽婆羅袈裟，牛糞草果葉，青赤泥土汁，染壞於白色。
石泥及與鐵，珂及於琉璃，如是鉢聽畜，滿足摩陀量。
爲割截衣故，聽畜四寸刀，刃如半月曲，不得學技術。

如實修行人，不得市販賣，所須倩白衣，及諸優婆塞。
常護於諸根，知於如實義，讀誦修多羅，及學諸毗尼，
不與白衣雜，修行人如是。空處與塚間，窟中林樹下，
陀林草中，乃至於露地。如實修行人，應住如是處。
三衣常隨身，不畜餘錢財，為身須衣服，他自與聽受。
為乞食出行，亦不左右視，視前六尺地，安庠而直進。
如蜂採諸花，乞食亦如是，比丘比丘尼，衆中衆所雜。
我為佛子說，此是惡命活，如實修行者，不聽此處食。
王小王王子，大臣及長者，為求於飲食，一切不得往。
死家及生家，親家及愛家，比丘雜等衆，修行者不食。
寺舍烟不斷，常作種種食，故為人所作，行者不應食。
離有無朋黨，能見可見縛，行者觀世間，離於生滅法。
三昧力相應，及諸通自在，若不生分別，不久得如法。
從微塵勝人，緣中莫分別，諸因緣和合，行者不分別。

分別諸世間，種種從熏生，行者如實觀，三有如幻夢。
莫分別三有，身資生住持，離於有無謗，亦離有無見。
飲食如服藥，身心常正直，一心專恭敬，佛及諸菩薩。
如實修行者，應知諸律相，及諸修多羅，揀擇諸法相。
五法體及心，修行無我相，清淨內法身，諸地及佛地。
如是修行者，住於大蓮華，諸佛大慈悲，如意手摩頂。
去來於六道，諸有生厭心，發起如實行，至　陀林中。
日月形體相，及於花海相，虛空火種種，修行者見法。
見如是諸相，取於外道法，亦隨聲聞道，及緣覺境界，
遠離如是等，住於寂靜處。時佛妙光明，往於諸國土，
摩彼菩薩頂，此摩頂妙相，隨順真如法，爾時得妙身。
有無因法體，離於斷常法，謗於有無法，是分別中道。
分別無諸因，無因是斷見，見種種外法，是人滅中道。
不捨諸法相，恐有斷絕相，有無是謗法，如是說中道。

覺但是內心，不滅於外法，轉虛妄分別，即是中道法。
惟心無可見，離於心不生，即是中道法，我及諸佛說。
生及於不生，有物無物空，諸法無自體，莫分別二法。
分別是有法，愚分別解脫，不覺心分別，離於二取相。
覺知自心見，時離於二見，知實知遠離，不滅分別相。
實知可見心，時知分別生，不生諸分別，是真如離心。
離諸外道過，若見生諸法，彼智者應取，涅槃而不滅。
知此法是佛，我說及餘佛，若異見諸法，是說外道事。
不生現於生，不退常現退，同時如水月，萬億國土見。
一身及無量，然火及注雨，心心體不異，故說但是心。
心中但是心，心無心而生，種種色形相，所見惟是心。
佛及聲聞身，辟支佛身等，復種種色身，但說是內心。
無色界無色，色界及地獄，色現爲衆生，但是心因緣。
如幻三昧法，而身如意生，十地心自在，菩薩轉得彼。

自心分別名，戲論而搖動，依見聞生知，愚癡依相知。
相是他力體，彼依名分別，分別是諸相，依他力法生。
智慧觀諸法，無他力無相，畢竟無成就，智依何分別。
若有成就法，離於有無法，離於有無體，二體云何有？
分別二種體，二種體應有，分別見種種，清淨聖境界。
分別是種種，分別是他力，若異分別者，是墮外道說。
分別是分別，見是因體相，分別說分別，見是因相生，
離於二分別，即是成就法。國土佛化身，一乘及三乘，
無涅槃一切，空離一切生。佛三十差別，別復有十種。
一切國土器，依諸衆生心。知分別法相，現見種種法，
彼法無種種，法佛世間爾。法佛是真佛，餘者依彼化，
衆生自種子，見一切佛相。依迷惑轉心，能生於分別，
真不離分別，及不離於相。實體及受樂，化復作諸化，
佛衆三十六，是諸佛實體。如青赤及鹽，珂乳及石蜜，

新果諸華等，如月諸光明，非一亦非異，如水中洪波。
如是七識種，共於心和合，如大海轉變，是故波種種，
阿梨耶亦爾，名識亦如是。心意及意識，分別外相義，
八無差別相，非能見可見。如大海水波，無有差別相，
諸識於心中，轉變不可得。心能造諸業，意是能分別，
意識能知法，五陰虛妄見。青赤白種種，衆生識現見，
水波相對法，牟尼爲我說。青赤白種種，水波中無是，
愚癡見諸相，說於心中轉。心中無是體，離心無外見，
若有於可取，應有於能取。身資生住持，說水波相似，
衆生識現見，水波共相似。大海水波起，如舞轉現見，
本識如是轉，何故知不取？愚癡無智慧，本識如海波，
水波轉相對，是故說譬喻。如日出世間，平等照衆生，
如是世尊燈，不爲愚說法。住於真如法，何故不說實？
若說於實法，心中無實法。如海中水波，如鏡及於夢，

如自心境界，等見無前後，無一時境界，是故次第生。
識能知諸法，意復能分別，五識現見法，寂靜無次第，
如世間畫師，及畫師弟子。我住於妙法，爲實修行說，
離分別分別，是內身實智。我諸佛子說，不爲於愚人，
亦如幻種種，可見無如是，說種種亦爾，說亦爾不爾。
爲一人說法，不爲餘人說，如人病不同，醫師處藥別，
諸佛爲衆生，隨心說諸法。依外法種子，分別說現法，
心取他力法，可取是分別。依止心種子，觀取外境界，
二種轉迷惑，更無第三因。以迷惑不生，依何法不生？
六十十八法，是故惟說心。自心見外法，見彼離於我，
若入心分別，能離諸法相。依於阿梨耶，能生於諸識，
愚癡內身入，心見於外入。取星宿毛輪，如夢中見色，
有爲無爲常，分別無如是。犍闥婆城幻，如禽獸愛水，
無如是見有，他力法亦爾。我諸根形相，我說三種心：

心意及意識，離於自體相；心意及意識，離於他體相；
心意及意識，無我無二體；五法自體相，是諸佛境界。
就相有三種，依於一熏因，如綵色一種，壁上見種種。
二種無我心，意及諸識相，五種法體相，我性無如是，
遠離諸心相，識離於意相，諸法體如是，是我之境界，
離於諸法體，是諸如來性。身口及意業，彼不作白法，
如來性清淨，離於諸修行，自在淨諸通，三昧力莊嚴，
種種意生身，是淨如來性。內身智離垢，離於諸因相，
八地及佛地，是諸如來性。遠行善慧地，法雲與佛地，
是諸佛之性，餘地三乘雜。依衆生身別，及爲愚癡相，
爲說七種地，故佛說心地。口身心諸障，七地中無是，
八地中妙身，如夢瀑水相。八地及五地，學種種技術，
一切諸佛子，三有中作王。生及與不生，不分空不空，
實及於不實，心中無如是。此實此非實，莫分別此實，

緣覺及聲聞，非爲佛子說。有無有非實，亦無有空相，
假名及實法，心中一切無。依世諦有法，第一義悉無，
無實法迷惑，是諸世諦法。一切法無法，我說於假名。
言語及受用，愚癡見是實。從於言語法，是實有境界，
從言語生法，見法無如是。如離壁無畫，亦如影離相，
本淨識亦爾，爲水波不現。如幻心亦爾，意如狡猾者，
識共於五種，分別見如綵。說是真法習，所有集作化，
是諸佛根本，餘者應化佛。心迷可見中，可見心中無，
身資生住持，即阿梨耶現。心意及意識，實體五種法，
二種無我淨，諸佛如來說。虛妄覺非境，及聲聞亦爾，
是內身境界，諸佛如來說。長短等相待，彼此相依生，
有能成於無，無能成於有。及分別微塵，色體不分別，
說但是於心，邪見不能淨。是中分別空，不空亦如是，
有無但分別，可說無如是。功德微塵合，愚癡分別色，

一一微塵無，是故無是義。自心見形相，衆生見外有，
外無可見法，是故無是義。心如毛輪幻，夢犍闥婆城，
火輪禽獸愛，實無而人見。常無常及一，二及於不二，
無始過所縛，愚癡迷分別。我不說三乘，但說於一乘，
爲攝取衆生，是故說一乘。解脫有三種，亦說法無我，
平等智煩惱，依解脫分別。亦如水中木，爲波之所漂，
如是癡聲聞，爲諸相漂蕩，彼無究竟處，亦復不還生。
得寂滅三昧，無量劫不覺，是聲聞之定，非我諸菩薩。
離諸隨煩惱，依習煩惱縛，三昧樂境醉，住彼無漏界。
如世間醉人，酒消然後寤，彼人然後得，我佛法身體。
如衆没深泥，身東西動搖，如是三昧醉，聲聞没亦爾。

【入楞伽經卷第十】

總品第十八之二

依諸佛住持，諸願力清淨，受職及三昧，功德及十地。
虛空及兔角，及與石女兒，分別法如是，無而說名字。
因熏種世間，非有非無處，能見得解脫，解於法無我。
實體分別名，他體從因生，我說是成就，諸經常說是。
字句名身等，於名身勝法，愚癡人分別，如象沒深泥。
天乘及梵乘，及於聲聞乘，如來及緣覺，我說如是乘。
諸乘不可盡，有心如是生，心轉滅亦無，無乘及乘者。

心分別及識，意及於意識，阿梨耶三有，思惟心異名。
命及於煖識，阿梨耶命根，意及於意識，是分別異名。
心住持於身，意常覺諸法，識自心境界，共於識分別。
我說愛是母，無明以爲父，識覺諸境界，是故說名佛。
諸使是怨家，衆和合是陰，無於相續體，斷彼名無間。
二無我煩惱，及二種無我，不可思議變，無生死名佛。
意相應法體，我法是內身，若能如是見，彼不隨妄覺。
實無於諸法，如愚癡分別，依虛妄無法，云何得解脫？
生滅和合縛，見於有爲法，增長於二見，不失因緣法。
芭蕉夢幻等，是世間如是，唯是一法實，涅槃離意識。
有貪及與瞋，及有癡無人，從愛生諸陰，陰有亦如夢。
何等夜證法？何等夜入滅？於此二中間，我不說一字。
內身證於法，我依如是說，彼佛及我身，無有說勝法。
實有神我物，五陰離彼相，陰體是實有，彼陰中無我。

各各見分別，隨煩惱及使，得世間自心，離苦得解脫。
諸因及因緣，世間如是生，是四法相應，彼不住我教。
非有無生法，離有無不生，愚云何分別，從因及諸緣？
有無四句離，若能見世間，爾時轉心識，即得無我法。
諸法本不生，是故因緣生，諸緣即是果，果中生於有。
果中生二種，果中應有二，而二中無果，果中不見物。
離於觀可觀，若見有爲法，離心唯是心，故我說唯心。
量實體形相，離於緣實體，究竟第一淨，我說如是量。
如假名爲我，無實法可見，如是陰陰體，是假名非實。
平等有四種，相因及於生，無我亦平等，四修行者法。
轉諸一切見，分別可分別，不見及不生，故我說唯心。
無法亦非無，離於有無體，真如離於心，故我說唯心。
真如空實際，涅槃及法界，意生身及心，故我說唯心。
分別依熏習，種種生種種，衆生心見外，故我說唯心。

可見無外物，見心種種見，身資生住持，故我說唯心。
諸聲聞盡智，諸佛如來生，一切辟支佛，無和合而生。
無外諸色相，自心見外法，覺知於自心，愚分別有爲。
愚人不知外，自心種種見，譬喻遮愚人，著於四種法。
無因無分別，譬喻五種論，自心體形相，能知是黠慧。
依分別可別，此是分別相，依止於分別，分別於現生。
一一別和合，是一種子因，客二法是二，故人心不生。
分別心心法，住於三界中，現生於諸法，彼體是虛妄。
因依現和合，故有十二入，依因觀和合，我不說是法。
如鏡中見僧，眼�見毛輪，如是依熏心，愚癡人心見。
共分別可別，而生於分別，如外道分別，無如是外相。
如人不識繩，而取以爲蛇，不識自心義，分別於外法。
而乘於乘體，離於一二中，以分別於乘，是自心過失。
依何法何體，分別不能見？不得言彼無，諸法體如是。

依有故言無，依無故言有，故不得言無，亦不得言有。
即分別分別，此非彼法體，云何見無體，而生於分別？
色體無色身，如瓶及疊等，可見是無法，云何有分別？
若分別是迷，有爲法無始，何法迷衆生？牟尼爲我說。
諸法無法體，而說唯是心，不見於自心，而起於分別。
若分別是無，如愚癡分別，彼法無異體，而智不能覺。
若聖有彼法，非凡妄分別，若聖妄有彼，聖愚癡無別。
聖人無迷惑，以得心清淨，愚人無信心，故分別分別。
如母爲諸子，虛空將果來，汝取果莫啼，兒取種種果。
我於諸衆生，分別種種果，令貪種種說，離有無朋黨。
若本無法體，非因非從因，本不生始生，亦無其身體。
無身亦非生，離因緣無處，生滅諸法體，離因緣處無。
略觀察如是，有無非餘處，從因緣生法，智者莫分別。
說一體二體，外道愚癡說，世間如幻夢，不從因緣生。

依言語境界，大乘無上法，我依了義說，而愚癡不覺。
聲聞及外道，依嫉妬說法，於義不相應，以依妄覺說。
相體及形相，名是四種法，觀於如是法，故生於分別。
分別一二多，彼隨梵天縛，日月及諸天，是見非我子。
聖人見正法，以如實修行，能轉虛妄相，亦離於去來。
此是解脫印，我教諸佛子，離於有無法，亦離去來相。
轉種種色識，若滅一切業，不應常無常，無世間生法。
於轉時若滅，色離於彼處，離於無過失，業住阿梨耶。
色是滅體相，識中有亦爾，色識共和合，而不失諸業。
若共彼和合，衆生失諸業，若滅和合業，無縛無涅槃。
若共於彼滅，生於世間中，色亦共和合，無差別應有。
有別亦無別，但是心分別，諸法無滅體，離有無朋黨。
假名因緣法，迭共無差別，如色中無常，迭共生諸法。
離於彼此相，分別不可知，無有有何成？如色中無常。

若善見分別，即不起他力，是於他力法，亦不起分別。
若滅於分別，是滅於我法，於我法中作，亦謗於有無。
是諸謗法人，於何時中有，是滅我法輪，不得共彼語，
智者不共語，不共比丘法。已滅於分別，妄見離有無，
見如毛輪幻，如夢犍闥婆，亦見如陽焰，時見於有無。
彼人不覺佛，若有人攝彼，彼人墮二邊，亦壞於餘人。
若知寂靜法，是實修行者，離於有無法，應攝取彼人。
如有處可出，金銀諸珍寶，無業作種種，而衆生受用。
衆生真如性，不由於業有，不見故無業，亦非作業生。
諸法無法體，如聖人分別，而有於諸法，如愚癡分別。
若法無如是，如愚癡分別，無有一切法，衆生亦無染。
諸法依心有，煩惱亦如是，生死諸世間，隨於諸根轉。
無明愛和合，而生於諸身，餘人恆無法，如愚癡分別。
若人法不生，行者不見根，若諸法是無，能作世間因。

愚人離於作，自然應解脫，愚聖無差別，有無云何成？
聖人無法體，以修三解脫，五陰及人法，有同有異相，
諸因緣及根，我爲聲聞說。無因唯於心，妙事及諸地，
內身真如淨，爲諸佛子說。於未來世有，謗於我法輪，
身披於袈裟，說有無諸法。無法因緣有，是聖人境界，
分別無法體，妄覺者分別。未來世有人，噉糠愚癡種，
無因而邪見，破壞世間人。從微塵生世，而微塵無因，
九種物是常，邪見如是說。從物生於物，功德生功德，
此法異於法，分別是體是。若本無始生，世間應有本，
我說於世間，無有於本際。三界者衆生，是本無始生，
狗駝驢無角，必應生無疑，眼本無始有，色及識亦爾。
席冠白疊等，泥團中應生，於疊中無瓶，蒲中亦無疊。
一於一中實，何故因不生？即命即是身，是本無始生。
此是他說法，我說諸法異，我領因緣法，然後遮他法。

遮彼邪見者，後説於自法，故領外道法，然後説正法。
恐諸弟子迷，立於有無法，從勝人生世，迦毗羅惡意。
爲諸弟子説，諸功德轉變，非實非不實，非從緣即緣。
以無諸因緣，無實法不生，離於有無法，離因亦離緣。
離於生滅法，自法離可見，世間如幻夢，離諸因緣法。
立因緣者見，是故生分別，如禽獸愛水，犍闥婆毛輪。
離於有無法，離因及於緣，見三有無因，如是見淨心。
何等人無事？但有於內心，遠離於心事，不得説唯心。
若觀於外事，衆生起於心，云何心無因？不得説唯心。
真如唯心有，何人無聖法？有及於非有，彼不解我法。
能取可取法，若心如是生，此是世間心，不應説唯心。
身資生住持，若如夢中生，應有二種心，而心無二相。
如刀不自割，指亦不自指，如心不自見，其事亦如是。
非他非因緣，分別分別事，五法及二心，寂靜無如是。

能生及於生，及二種法相，我意無能生，說法無自相。
種種形相體，若生於分別，虛空兔角等，彼體無應生。
若有諸法相，應有於外事，以無外分別，離心更無法。
於無始世間，無有外諸法，以心無生因，而見於外義。
若無因生長，兔角亦應生，以無因增長，云何生分別？
如現在無法，如是本亦無，無體體和合，云何心能生？
真如空實際，涅槃及法界，一切諸法生，是第一義法。
凡夫墮有無，分別因及緣，無因本不生，不知於三有。
心見於可見，無始因異見，無始亦無法，云何見異生？
若無物能生，貧人應多財，云何生無物？牟尼爲我說。
此一切無心，而不無諸法，犍闥婆夢幻，諸法無因有，
無生無體相，空法爲我說。離於和合法，是不見諸法，
爾時空無生，我說無法相。夢及毛輪幻，犍闥婆愛水，
無因而有見，世間法亦爾。如是和合一，離於可見無，

非諸外道見，和合無如是。降伏依無因，成就於無生，
若能成無生，我法輪不滅。說於無因相，外道生怖畏，
云何為何人？何處來諸法？何處生於法？無因而生法，
生於無因中，而無於二因。若能智者見，爾時轉邪見，
說生一切法，無生為無物。為觀諸因緣，爾時轉邪見，
為有法有名，為無法無名。而無法不生，亦非待因緣，
名非依於法，而名非無體。聲聞辟支佛，外道非境界，
住七地菩薩，彼則無生相。轉於因緣法，是故遮因義，
唯說依於心，故我說無生。無因生諸法，離分別分別，
離立於有無，故我說無生。心離於可見，亦離於二體，
轉於依止法，故我說無生。不失外法體，亦不取內心，
離一切邪見，此是無生相。如是空無相，一切應觀察，
非生空空法，本不生是空。諸因緣和合，生及與於滅，
離於和合法，不生亦不滅，若離和合法，更無實法體。

一體及異體，如外道分別，有無不生法，非實生不生。
離於諸因緣，生及與不生，唯是於名字，彼此迭共鎖。
可生體畢無，差別因緣鎖，離可生無生，是離諸外道。
我說唯是鎖，而凡夫不知，而可生法體，離鎖更無別。
彼人無說因，破滅壞諸鎖，如燈了諸物，鎖亦應能了。
若更有別法，離於鉤鎖體，無體亦不生，自性如虛空。
離於鉤鎖法，愚癡異分別，此是異不生，聖人所得法。
彼法生不生，不生是無生，若見諸世間，即是緣鉤鎖。
世誰是鉤鎖，爾時心得定，無明愛業等，是內鉤鎖法。
幢泥團輪等，了四大外法，依於他法體，是從因緣生。
非唯鉤鎖體，不住量阿含，若可生法無，智何法爲因？
彼法迭共生，非是諸因緣，煖濕動及堅，愚癡分別法。
此鉤鎖無法，是故無體相，如醫師醫病，說治病差別，
而論無差別，依病故差別。我依衆生身，爲說煩惱濁，

知諸根及力，我為愚者說。煩惱根差別，我教無差別，
我唯有一乘，清涼八聖道。瓶疊冠及角，兔角無是因，
無因依彼生，而無彼因法，而彼無因法，汝不得取無。
依有因故無，依無不相應，有法對於無，是共相待法。
若依少有法，見於少有法，無因見少法，少法是無因。
若彼依餘法，彼此迭共見，如是無窮過，少亦無少體。
依於色木等，如幻可見法，如是依止事，人見有種種。
幻師非色等，非木亦非石，愚癡見如幻，依止於幻身。
依止於實事，若見於少事，見時無二法，云何見少事？
分別無分別，而非無分別，若分別無法，無縛無解脫。
以分別無法，故不生分別，若不生分別，不得說唯心。
種種心差別，法中無實法，以無實法故，無解脫世間。
無外物可見，愚癡妄分別，如鏡像現心，因熏心迷沒。
一切法不生，非有似有生，此一切唯心，離於諸分別。

愚人説諸法，從因非智者，實體離於心，聖人心是淨。
僧佉毗世師，裸形婆羅門，及於自在天，無實墮邪見。
無體亦無生，如空幻無垢，諸佛爲何説？佛爲何人説？
修行清淨人，離邪見覺觀，諸佛如法説，我説亦如是。
若一切唯心，世間何處住？去來依何法？云何見地中？
如鳥虛空中，依止風而去，不住不觀察，於地上而去。
如是諸衆生，依分別風動，自心中去來，如空中飛鳥。
見身資生器，佛説心如是，云何因現見？唯心爲我説。
身資生住持，現見依熏生，無修行者生，現見生分別。
分別境界體，心依境界生，知於可見心，不復生分別。
若能見分別，離於覺所覺，名名不相合，是説有爲法。
此唯是可覺，名名不相離，離於知可知，是説有爲法。
此唯是可覺，名名中不離，若人異覺知，不自覺他覺。
五法實法本，及於八種識，二種無我法，攝取於大乘。

若見知可知，寂靜見世間，名名中分別，爾時不復生。
作名字分別，見彼不復生，不見於自心，是故生分別。
四陰無諸相，彼則無數法，云何色多種？四大異異相。
捨於諸相法，無諸大及大，若有異色相，何故陰不生？
若見如是相，不見諸陰入，依境根及識，故生八種識。
依相有三種，寂滅無如是，阿梨耶意我，我所及於智。
因取於二法，知彼法即滅，離於彼此法，若見不相離。
世間唯心分，世尊爲我説，不復分別二，我及於我所。
不增長分別，亦無意識因，離於因及緣，非物亦非生。
分別但是心，世尊爲我説，離於諸因緣，離能見可見。
見自心種種，可見妄分別，不知自心見，不覺異心義。
無見邪見成，若於智不見，彼何故不有？彼人心取有。
分別非有無，故不生有心，不知唯心見，是故生分別。
無分別分別，是滅已無因，遮四種朋黨。若諸法有因，

此異名字相，彼人作不成。彼應異自生，不爾應因生，
因緣應和合，以遮因生法。我遮於常過，若諸緣無常，
是不生不滅，愚癡無常見。滅相法無法，不見作於因，
故無常生有，云何人不見？我攝取衆生，依持戒降伏，
智慧滅邪見，依解脫增長。一切諸世俗，外道妄語說，
依因果邪見，自法不能立。但成自立法，離於因緣果，
說諸弟子衆，離於世俗法。唯心可見無，心見於二種，
離可取能取，亦離於斷常。但有心動轉，皆是世俗法，
不復起轉生，見世是自心。來者是事生，去者是事滅，
如實知去來，不復生分別。常無常及作，亦不作彼此，
如是等一切，是皆世俗法。天人阿修羅，畜生鬼夜摩，
衆生去彼處，我說於六道。上中下業因，能生於彼處，
善護諸善法，得勝處解脫。佛說念念生，生死及於退，
爲比丘衆說，何意爲我說？心不至第二，已滅壞不續，

我爲弟子説，念展轉生滅。色色分別有，生及滅即已，
分別即是人，離分別無人。我説於念法，依彼我説竟，
離於取色相，不生亦不滅。因緣從緣生，無明真如等，
依於二法生，真如無是體。因緣從緣生，若爾無異法，
從常生於果，果即是因緣。無異於外道，因果共相離，
佛及諸佛説，大牟尼無異。此一尋身中，苦諦及集諦，
滅及於道諦，我爲諸弟子。取三爲實者，取可取邪見，
世間出世法，凡夫人分別。我領於他法，是故説三法，
爲遮彼邪見，莫分別實體。説過無定法，亦復無心生，
實亦不二取，真如無二種。無明及愛業，識等從邪生，
無窮過不作，作中不生有。諸法四種滅，無智者所説，
分別二種生，有物無有物。離於四種法，亦離四種見，
二種生分別，見者更不生。諸法本不生，起於智差別，
現生於諸法，平等莫分別。願大牟尼尊，爲我及一切，

如法相應說，離二種二見。我離於邪見，及諸餘菩薩，
常不見有無，以不見彼法。離外道和雜，離聲聞緣覺，
佛證法諸聖，爲我說不失。顛倒因緣因，無生及一切，
異名諸迷惑，智者所遠離。譬如雲雨樓，宮閣及於虹，
陽焰毛輪幻，有無從心生。諸外道分別，世間自因生，
不生真如法，及與實際空。是諸異法名，莫分別無物，
於色上種種，莫分別無法。如世間手爪，自在能破物，
如是一切法，莫分別無法。離色空不異，亦無生法體，
莫分別無異，分別著邪見。分別可分別，攝取於諸事，
長短方圓等，是攝分別相。分別是心法，可分別是意，
若能如法知，離能相可相。外道說不生，及取於我法，
分別如是相，此二見無差。何意如是說？若能如是知，
彼人入於量，能解我說法。因見是沈没，無生是不依，
知是二種義，故我說無生。諸法無有生，牟尼爲我說，

無因不相當，無有有法雜。無因亦無生，異因見外道，
離有無無法，是故說唯心。生及於不生，離法是邪見，
說無因無生，說有是著因。自然無作者，作者是邪見，
方便諸願等，是見爲我說。若諸法是無，云何生三世？
離可取能取，不生亦不滅，從物見異物，依彼法生心。
諸法不生化，云何爲我說？實有而不知，是故我說法。
牟尼諸法中，前後自相違，離諸外道過，離於顛倒因，
生及與不生，大師爲我說。離有及於無，不失於因果，
地及於次第，爲說一無相。世間墮二邊，爲諸見迷惑，
無生無生等，不知寂滅因。我無三世法，我亦不說法，
有二畢有過，諸佛二清淨。諸法空刹那，無體亦不生，
說邪法覆心，分別非如來。生及與不生，唯願爲我說，
云何何等法，離於境界生？色具足和合，從於戲論集，
聚於外色相，從分別而生。知於彼法者，是如實解義，

隨順聖人性，而心不復生。離於一切大，生法不相應，
心虛妄觀大，觀如是無生。莫分別可別，智者不分別，
分別於分別，是二無涅槃。立於無生法，如幻不見法，
從幻等因生，所立諸法破。見心如鏡像，無始熏習因，
似義而無義，觀諸法亦爾。如鏡中色像，離於一二相，
可見無非無，諸相亦如是。犍闥婆幻等，依於因緣觀，
如是諸法體，生非不生法。分別似如人，二種相而現，
說我及於法，而愚人不知。相違及無因，聲聞諸羅漢，
自成及佛力，是五種聲聞。時攝及於滅，第一離第一，
是四種無常，愚無智分別。愚癡墮二邊，功德及微塵，
不知解脫因，以著有無法。譬如愚癡人，取指即是月，
如是樂名字，不知我實法。諸大各異相，無色體相生，
而諸大和合，無大無依大。火能燒諸色，水能爛諸物，
風能動諸色，云何大相生？色陰及於識，是法二無五，

是諸陰異名，我說如帝釋。心心數差別，現轉諸法生，
四大彼此別，色心非從依。依青等有白，依白有青等。
依因果可生，空有及於無。能作可作作，寒熱見等見，
如是等一切，妄覺不能成。心意及餘六，諸識共和合，
離於一異體，生死虛妄生。僧佉毗世師，裸形自在天，
墮有無朋黨，離於寂靜義。形相貌勝生，四大生非塵，
是外道說生，四大及四塵。餘者無處生，外道分別因，
愚癡而不覺，以依有無黨。生共心相應，死不共相應，
清淨實相法，共智相應住。業及於色相，五陰境界因，
衆生無因體，無色界不住。佛說法無我，無色同外道，
說無我是斷，識亦不應生。心有四種住，無色云何住？
內外諸法相，而識不能行。妄覺者計有，中陰有五陰，
如是無色生，有而是無色。自然應解脫，無衆生及識，
是外道無疑，妄覺不能知。若彼處無色，是故見無色，

彼無非立法，非乘無乘者。識從種子生，共諸根和合，
八種色一分，於念時不取。色不住於時，根不共根住，
是故如來說，諸根念不住。若不見色體，識云何分別？
若智不生者，云何生世間？即生時即滅，佛不如是說。
一時亦不念，虛妄分別取，諸根及境界，愚癡非智者。
愚癡聞名取，聖人如實知，第六無依止，以無因可取。
不善知於我，離於有法過，愚於有無法，覺者離實智。
有爲無爲我，愚癡不能知，一中有施法，異中亦如是。
共心中一體，意識能覺知，若施是心者，心數是名字。
云何離能取，分別於一異？共因依止見，業生作業等。
如火如是說，相似相似法，如火一時間，可燒能燒異。
如是我依因，妄覺何不爾，生及與不生，而心常清淨。
妄覺者立我，何故不說喻？迷於識稠林，離於真實法，
妄覺東西走，覓神我亦爾。內身修實行，我是清淨相，

如來藏佛境，妄覺非境界。可取及能取，差別五陰我，
若能知於相，爾時生真智。外道說意識，阿梨耶藏體，
共於我相應，我法說不爾。若如實知法，實諦得解脫，
修行於見道，斷煩惱清淨。心自性清淨，如來淨法身，
是法依衆生，離於邊無邊。如金及與色，石性與真金，
陶冶人能見，衆生於陰爾。非人亦非陰，佛是無漏智，
無漏常世尊，是故我歸依。心自性清淨，煩惱及意作，
共五陰相應，說中勝者說。心自性清淨，意等是因緣，
彼能作諸業，故彼二種染。意等客塵法，煩惱我清淨，
彼依煩惱染，如垢依清淨。如依離於垢，亦如金離垢，
有而不可見，我離過亦爾。如琴及珂鼓，種種美妙聲，
陰中我亦爾，愚癡覓一異。地中諸寶藏，及與清淨水，
陰中我亦爾，實有不可見。心及心數法，功德陰和合，
陰中我亦爾，無智不能見。如女人胎藏，雖有而不見，

我於五陰中，無智故不見。如香藥重擔，火及於諸薪，
陰中我亦爾，無智不能見。一切諸法中，無常及與空，
陰中我亦爾，無智有不見。諸地及自在，通及於受位，
無上妙諸法，及餘諸三昧，及諸勝境界，若陰中無我，
而此諸法等，一切亦應無。有人破壞言：若有應示我。
智者應答言：汝心應示我。說無真如我，唯是虛妄說，
作比丘業者，不應共和合。是人立有無，墮於二朋黨，
破壞諸佛法，彼不住我法。離諸外道過，焚燒無我見，
令我見熾然，如劫盡火焰，如石蜜蒲桃，乳酪酥油等，
彼處所有味，不嘗者不知。取於五種中，五陰我亦爾，
愚癡人不見，智見得解脫。明等諸譬喻，心法不可見，
何處何因緣，和合不可見？諸法異體相，一心不能取，
無因亦無生，虛妄覺者過。實行者見心，心中不見心，
可見從見生，能見何因生。我姓迦旃延，首陀會天出，

爲衆生說法，趣於涅槃城。是過去行路，我及彼諸佛，
三千修多羅，說於涅槃法。欲界及無色，佛不彼成佛，
色界中上天，離欲成菩提。境界非縛因，因境界是縛，
依智斷煩惱，修行者利劍。有我有幻等，法有無云何？
愚不見如是，云何有無我？以有作不作，無因而轉生，
一切法不生，愚癡不覺知。諸因不能生，諸緣亦不作，
彼二不能生，云何分別緣？先後及一時，妄覺者說因，
虛空瓶弟子，一切諸物生。佛非有爲作，諸相相莊嚴，
是轉輪功德，非諸佛得名。諸佛是智相，離諸邪見過，
内身是智見，離諸一切過。聾瞎盲及啞，老少懷惡人，
是等一切人，名無梵行者。廣大勝妙體，是轉輪王相，
出家或一二，餘者是放逸。毗耶娑迦那，及於梨沙婆，
迦毗羅釋迦，我入涅槃後，未來世當有，如是等出世。
我滅後百年，毗耶娑圍陀，及於般茶婆，鳩羅婆失羅；

然後復更有，及於毛氅等，次毛氅掘多，次有無道王，
次有刀劍亂，次刀劍末世，次於末世世，無法無修行。
如是等過未，如輪轉世間，日火共和合，焚燒於欲界。
復成妙世界，彼器世間生，四姓及國王，諸仙人及法。
供養大會施，時法還如本，話笑本如是，長行及子註。
子註復重作，種種說無量，如是我聞等，迷沒諸世間。
不知真實法，何者爲是非？衣裳如法染，擣治令潔淨，
清泥牛糞等，壞色而受用。諸香塗身衣，離於外道相，
流通我法輪，是諸如來相。不漉水不飲，腰繩及內衣，
依時行乞食，離於下賤家。生於妙天境，及人中勝處，
諸寶相成就，天人中自在。依法修行者，生天四天下，
多時而受用，依多貪還滅。正時及三災，及於三惡世，
我及餘正時，釋迦末世時，釋種悉達他，八臂及自在，
如是等外道，我滅出於世。如是我聞等，釋迦師子說，

曾有如是事，毗耶娑說是，八臂那羅延，及摩醯首羅，
說如是等言：我化作世間，我母名善才，父名梵天王，
我姓迦旃延，離於諸煩惱，生於瞻波城；我父及祖父，
父名爲月護，從於月種生，出家修實行，說於千種句，
授記入涅槃；今轉於法輪，大慧與法勝，勝與彌佉梨，
彌佉無弟子，於後時法滅。迦葉拘留孫，拘那含及我，
離於諸煩惱，一切名正時。過彼正法後，有佛名如意，
於彼成正覺，爲人說五法。無二三災中，過未世亦爾，
諸佛不出世，正時出於世。無人奪有相，衣裳不割裁，
納衣碎破雜，如孔雀畫色。二寸或三寸，間錯而補納，
若不如是者，愚人所貪奪。常滅貪欲火，智水常洗浴，
日夜六時中，如實修行法。如放箭石木，勢極則還下，
放一還下一，善不善亦爾。一中無多種，以相無如是，
如風取一切，如田地被燒。若一能作多，一切無作有，

不爾一切失，是妄覺者法。如燈及種子，云何多相似？
一能生於多，是妄覺者法。如麻不生豆，稻不生麰麥，
小麥等種子，云何一生多？波尼出聲論，何又波太白，
末世有梵藏，說於世俗論。迦旃延作經，夜婆迦亦爾，
浮稠迦天文，是後末世論。婆梨說世福，世人依福德，
能護於諸法，王婆離施地。彌迦摩修羅，阿舒羅等說，
迷惑及王論，末世諸仙現。悉達他釋種，浮單陀五角，
口力及黠慧，我滅後出世。阿示那三掘，彌佉羅澡罐，
我住阿蘭若，梵天施與我。汝當未來世，名大離塵垢，
能說真解脫，是諸牟尼尊。梵天共梵衆，及餘諸天衆，
鹿皮等施我，還沒自在天。諸雜間錯衣，及爲乞食鉢，
帝釋四天王，閑處施與我。說無生及因，生及與不生，
欲成於不生，是但說言語。若無明等因，能生於諸心，
未生於色時，中間云何住？即時滅於心，而更生餘心，

色不一念住，觀何法能生？依於何因緣，心是顛倒因？
彼不能成法，云何知生滅？修行者合定，金安闍那性，
光音天宮殿，世間法不壞。住於所證法，是諸一切佛，
如來等智慧。比丘證於法，及餘所證法，彼法常不壞。
云何虛妄見？諸法念不住，揵闥婆幻色，何故念不住？
諸色無四大，諸大何所爲？因無明有心，無始世界習，
依生滅和合，妄覺者分別。僧佉有二種，從勝及轉變，
勝中有於果，果復成就果。勝是大體相，說功德差別，
因果二種法，於轉變中無。如水鏡清淨，諸塵土不染，
真如如是淨，依止於衆生。如與求及葱，女人懷胎藏，
鹽及鹽中味，種子云何有？異體不異體，二體離二法，
有法無因緣，非無於有爲。如馬中無牛，陰中我亦爾，
說有爲無爲，是法無可說。惡見量阿含，依邪覺垢染，
不覺說有我，非因不離因。五陰中無我，取我是過失，

一中及異中，妄覺者不覺。水鏡及眼中，如見鏡中像，
遠離於一異，陰中我亦爾。可觀及能觀，禪道見衆生，
觀察是三法，離於邪見法。即滅於知見，如孔中見空，
諸法轉變相，愚人妄分別，涅槃離有無，住如實見處。
遠離生滅法，亦離有無體，離能見可見，觀察轉變法。
離諸外道說，離名相形體，依內身邪見，觀察轉變法。
諸天及地獄，觸及於逼惱，無有中陰法，云何依識生？
胎卵濕化等，生於中陰中，衆生身種種，應觀於去來。
離量及阿含，能生煩惱種，諸外道浪言，智慧者莫取。
先觀察於我，後觀於因緣，不知有說有，故石女兒勝。
般若離肉眼，妙眼見衆生，離於有爲陰，妙身體衆生。
住好惡色中，出離縛解脫，妙體住有爲，能見妙法身。
在於六趣中，妄覺非境界，我過於人道，非餘妄覺者。
而無生我心，何因如是生？如河燈種子，何不如是說？

而識未生時，未有無明等，離於闇無識，云何相續生？
三世及無世，第五不可說，是諸佛境界，妄覺者觀行。
行中不可說，以離智行中，取於諸行中，智離於行法。
依此法生此，現見是無因，諸緣不可見，離於無作者。
依風火能燒，因風動能生，風能吹動火，風還能滅火。
愚者不分別，云何生衆生？說有爲無爲，離於依所依。
云何成彼法？風火愚分別，彼此增長力，彼此法不及。
云何而生火？唯言語無義，衆生是誰作？而分別如火。
能作陰入軀，意等因緣生，如常無我義，共心常轉生。
二法常清淨，離於諸因果，火不能成彼，妄覺者不知。
心衆生涅槃，自性體清淨，無始等過染，如虛空無差。
外道邪見垢，如白象壯盛，依意意識覆，大等能清淨。
彼人見如實，見已破煩惱，捨譬喻稠林，彼人取聖境。
知能知差別，彼分別異體，矇鈍人不覺，復言不可說。

譬如栴檀鼓，愚人作異說，如栴檀沈水，諸佛智亦爾，
愚人不覺知，以依虛妄見。中後不受食，以鉢依量取，
離口等諸過，噉於清淨食。此是如法行，不能知相應，
依於法能信，莫分別邪行。不著世間物，能取於正義，
彼人取真金，能然於法燈。離有無因緣，邪見網分別，
一切煩惱垢，離於貪瞋恚。爾時不復生，以無一切染，
諸如來身手，而授於佛位。外道迷因果，餘者迷因緣，
及無因有物，斷見無聖人。受於果轉變，識及於意識，
意從本識生，識從於意生。一切識從本，能生如海波，
一切從熏因，隨因緣而生。念差別鈎鎖，縛自心取境，
似於形體相，意眼等識生。無始來過縛，依熏生取境，
外見心諸法，遮諸外道見。依彼更生餘，及依彼觀生，
是故生邪見，及世間生死。諸法如夢幻，如揵闥婆城，
陽焰水中月，觀察是自心。行差非真如，正智幻三昧，

依首楞嚴定，及餘諸三昧，入於初地得，諸通及三昧，
智及如意身，受位入佛地。爾時心不生，以見世虛妄，
得觀地餘地，及得於佛地。轉於依止身，如諸色摩尼，
亦如水中月，作諸衆生業。離有無朋黨，離二及不二，
出於二乘地，及出第七地。內身見諸法，地地中清淨，
離外道外物，爾時說大乘。轉於分別識，離於變易滅，
如兔角摩尼，得解脫者說。如依結相應，依法亦如是，
依相應相應，莫分別於異。眼識業及受，無明及正見，
眼色及於意，意識染如是。佛說此妙經，聖者大慧士，
菩薩摩訶薩，羅婆那大王，叔迦婆羅那，甕耳等羅叉，
天龍夜叉等，犍闥婆修羅，諸天比丘僧，大歡喜奉行。

國家圖書館出版品預行編目資料

入楞伽經／（元魏）天竺三藏菩提流支翻譯. -- 1 版.
-- 新北市：華夏出版有限公司, 2022.09
面；　公分. --（Sunny 文庫；248）
ISBN 978-626-7134-31-3（平裝）
1.CST：經集部

221.751　　111009043

Sunny 文庫 248

入楞伽經

翻　譯　（元魏）天竺三藏菩提流支
印　刷　百通科技股份有限公司
電話：02-86926066　傳真：02-86926016
出　版　華夏出版有限公司
220 新北市板橋區縣民大道 3 段 93 巷 30 弄 25 號 1 樓
電話：02-32343788　傳真：02-22234544
E-mail：pftwsdom@ms7.hinet.net
總經銷　貿騰發賣股份有限公司
新北市 235 中和區立德街 136 號 6 樓
電話：02-82275988　傳真：02-82275989
網址：www.namode.com
版　次　2022 年 9 月 1 版
特　價　新台幣 450 元 (缺頁或破損的書，請寄回更換)

ISBN：978-626-7134-31-3